校則と主権者教育

――続・校則を考える――

大津尚志 著

晃洋書房

　　　　　　　は じ め に

　「校則」という言葉をきいたことがない人はおそらくいないであろう。校則に関する議論が2017年以降頃から再びよく新聞紙上などできかれるようになった。しかし、校則とは法的に位置づけられたものではなく、その内容は曖昧にならざるをえない。本書では「各学校で定められた、学校全体に適用される明文化された生徒にむけた生活指導等に関する規則」と定義しておく[1]。校則が文字通り「学校の規則」であれば、成文化されたものだけでなく、学校に存在する「暗黙の了解」なども含めることとなりうるし、それも含めて考えるべきという見方もある。また、学校には一部の部活動に参加する生徒むけの「部則」なども存在する。

　本書は「校則と主権者教育」と題されているが副題に「続・校則を考える」とあることから、前著『校則を考える』（晃洋書房、2021年）の続編というところがある。校則を歴史、判例、国際比較からアプローチして分析するという点では共通している。前著を上梓して以降、校則に関する最大の動きといえば、文部科学省が改訂版の『生徒指導提要』（2022年12月）において、初版（2010年）と比べて校則に関する言及を大きく増やしたことであろう。

　同書には、「意義を適切に説明できないものについては、……適切な内容か、現状にあう内容に変更する必要がないか」、「児童生徒や保護者等の学校関係者からの意見を聴取した上で定めていくことが望ましい」、「校則を策定したり、見直したりする必要がある場合に、どのような手続きを踏むべきか、その過程についても示しておくことが望まれる」などとある。「生徒指導提要」がどの程度、教育現場の「校則」に実際に影響を与えるかは今のところ定かではない。

　本書の最初の歴史編のところでは、前著と大きな枠組みは変えてはいないが主権者教育にかかわることに重点をおいて歴史を叙述するとともに、引用する資料などはできるだけ新しくするなどした。

　判例に関しては、最近でた新しい判例2本に主に注目している。大阪府公立高校黒染訴訟については、「第二期の校則の見直し」が発生した契機となった訴訟といってよい。結果は生徒側の実質敗訴におわっているが、さまざまな論点を提供してくれている。もう一つは私立高校において校則によって「男女交

際」の禁止を定めることができるか、という問題である。

　国際比較に関しては、アメリカ、フランスのみならず、イギリス、ドイツをも研究対象としている。日本との比較という点をふくめて論じている。

　なお、資料の引用に関しては読みやすさを考慮して、カタカナを平仮名に直す、濁点をうつ、旧漢字を新漢字に改める、必要に応じフリガナをつけるなどを行っている。縦書きの原文を横書きで引用するために「左の通り」を「下の通り」などと改めたところもある。傍点はすべて筆者によるものである。

注

1) これまでの校則の定義について、栃木弁護士会編『校則と子どもの権利』随想社、1996年、19-21頁、参照。なお、文部科学省『生徒指導提要』では、「児童生徒が遵守すべき学習上、生活上の規律」と述べている（文部科学省『生徒指導提要』2010年、205頁、文部科学省『生徒指導提要（令和4年12月）』東洋館出版社、2023年、101頁）。「遵守すべき規律」というのであれば、「暗黙の了解」も含むものと考えられる。

目　　次

はじめに

第1章　校則と主権者教育　歴史・戦前期 …………………… *1*
　　1　明治維新後の学校における生徒心得　(*1*)
　　2　教育勅語制定後の生徒心得　(*7*)
　　3　大正期の「新教育」の動きと「自治」　(*10*)
　　4　昭和期の生徒心得　(*13*)

補　論　戦前期の女子教育における生徒心得 ……………… *20*
　　1　女子教育における生徒心得　(*20*)
　　2　キリスト教系私立学校における生徒心得　(*28*)

第2章　校則と主権者教育　歴史・戦後期 ………………… *35*
　　1　戦後民主化期の生徒心得　(*35*)
　　2　生徒自治会から生徒会へ　(*37*)
　　3　高校紛争と生徒心得　(*44*)
　　4　校則と「管理教育」、校則の「見直し」　(*46*)
　　5　近年の校則問題　(*49*)

第3章　大阪府内公立中学校の校則 …………………………… *57*
　　はじめに　(*57*)
　　1　大阪府内中学校校則の内容について　(*57*)
　　2　2021年の中学校校則の特徴について　(*67*)
　　まとめにかえて　(*71*)

第4章　熊本市立中学校における「校則見直し」動向 ……… *75*
　　はじめに　(*75*)
　　1　熊本市の「校則見直し」の動向　(*75*)

2　熊本市の中学校「校則の見直し」の実態　(77)
　　まとめにかえて　(82)

第5章　北海道内公立高校の校則　…… 85
　　はじめに　(85)
　　1　「校則見直し」の北海道内における動向　(86)
　　2　北海道内公立高校の校則の内容分析（地域性を含めて）　(90)
　　まとめにかえて　(96)

第6章　校則に関する最近の判例　…… 99
　　1　大阪府公立高校黒染事件について　(100)
　　2　東京都私立高校男女交際事件について　(111)
　　まとめにかえて　(124)

第7章　イギリス（イングランド）の校則　…… 129
　　1　イギリスの校則に関する法制度　(129)
　　2　イギリスの校則の例　(131)
　　3　イギリスの校則の特徴　(135)
　　まとめにかえて　(145)

第8章　アメリカ・フランスの校則　…… 149
　　はじめに　(149)
　　1　アメリカにおける生徒規則（校則）　(150)
　　2　フランスにおける校則　(158)
　　まとめにかえて　(163)
　　コラム　ドイツの校則とその内容の特徴　(167)

あとがき　(173)
参考文献　(177)

第 1 章　校則と主権者教育　歴史・戦前期

　戦前に「主権者教育」があるわけではない。ここでは、戦前の校則（にあたるもの）について、今日の歴史的前提となることについて論ずる。

1　明治維新後の学校における生徒心得

　1867年の大政奉還の後、廃藩置県の前に藩庁から生徒心得にかかわる布達が出されることがあった。愛知県挙母藩では1868年2月に学校にむけて「規則」を布達としてだし、その中身は「孝悌の道を尽し、長幼の序を順にする生徒の曹宜を服行すべし」など、江戸時代の寺子屋・藩校の延長かと思われる内容があった。一方で、「男子八歳学校に入る」「十五歳以下勤務閑暇の輩必ず学校に入るべし」と学事奨励も行われていた。
　1868年12月には徳川家兵学校および附属小学校が設立される（通称、沼津兵学校）。兵学校の規則「徳川家兵学校掟書」は、オランダから帰国して初代校長となった西周が起草したといわれる。全84条からなり、「生徒之事」「教授方之事」「学課之事」「試験之事」「休業之事」「生徒病気並忌服之事」「生徒罰則之事」からなる。生徒の入学資格や教授資格なども定めていて、欧米にならって体系化された、「近代化」された学校規則のはじまりがみられる。そのなか「生徒罰則之事」の規定では、「盗竊諸犯而国法之越度は国之典刑に於可論事」「身持不宜ものは縦令試業に於ては冠たりとも教授方衆議之上乙次に列し候事」などとあった。しかし、同学校は短期間で閉校した。
　1872年9月の学制発布の後、1873年1月の文部省布達第8号において、学校の設立伺の文例が定められた。そのなかに、「学校位置」「学校名称」「学科」「教則」とともに「校則」があり、校則とは「入学退学等の手続並に入学の上生徒の守るべき規則」とされた。次いで、1873年6月に「文部省正定」の「小学生徒心得」がつくられた。しかし、それは、今日でいう「校則」にあたるものの最初の「原型」と考えられる。出版された東京都のみならず、他県でも翻

刻出版されている[7]。また、他県で同じ「小学生徒心得」を後に定めたところもあり[8]、広く影響をもったものといえる。これから述べるように、欧米流の学校の流儀をとりいれると同時に、江戸時代からの藩校にあったであろう規則を継承したものであり、儒教道徳の影響が強い。

　文部省正定の小学生徒心得の全文の内容は以下の通りである（条文の数字は筆者がつけたもの）。

第1条	一、朝早く起き顔と手を洗ひ口を漱ぎ髪を掻き父母に礼を述べ朝食事終れば学校へ出る用意を為し先づ筆紙書物等を取揃へ置きて取落しなき様致す可し。但し出る時と帰りたる時には必ず父母へ挨拶を為すべし。
第2条	一、毎日参校は受業時限十分前たるべし。
第3条	一、校に入り席に就かんとする時教師に礼を致す可し。
第4条	一、席に着きては他念なく教師の教へ方を伺ひ居て仮りにも外見雑談等を為す可からず。
第5条	一、教師の許しなくして猥りに教場へ入る可からず。
第6条	一、受業の時刻至れば扣席（ひかえ）に於て銘々の席に着き教師の指図を待つ可き事。
第7条	一、若し受業の時限に後れ参校する時は猥りに教場に至る可からず。遅刻の事情を述べて教師の指図を待つ可き事。
第8条	一、出入の時障子襖等の開閉を静かにす可し。書物之取扱方は成丈け丁寧にして破損せざる様にす可し。書物を開くに爪にて紙を傷め又は指に唾して開くる事無かるべし。
第9条	一、毎日よく顔手衣服等を清潔にして参校すべし。
第10条	一、生徒たる者は教師之意を奉戴し一々指揮を受くべし。教師の定むる所の法は一切論ず可からず我意我慢をば出す可からず。
第11条	一、受業中自己の意を述べんと欲する時手を上げて之を知らしめ教師之許可を得て後に言ふ可し。
第12条	一、人を誹議し或は朋友と無益の争論致す可からず。但し文学問答之儀は苦しからず。然れども語を敬み礼儀を失はず喧しく語る可からず。豪慢不遜の語を出す可からず。
第13条	一、師友又は其他知りたる人に逢ひたらんには礼儀を尽して挨拶す可し。帽あるときは之を脱す可し。
第14条	一、便所に行きたらばよく心を用ゐて便所又は衣服を汚さぬ様にす可し。
第15条	一、人の部屋には案内を乞て後に入る可し。
第16条	一、校内は勿論他所たり共相互ひの交りは親切に為し挨拶応接等謙遜を旨とし決して不敬不遜の振舞ある可からず。

> 第17条　一、途中にて遊び無用の場所に立つ可からず無益の物を見る可からず疾く走る可からず。若し馬車等に逢ふことあらば早く傍に避けて馬車等の妨にならず自身も怪我なき様にす可し。

　この「生徒心得」の執筆者および書かれた経緯については不明である。内容を分析することを試みる。上記の第1条「朝早く起きて顔と手を洗い……」、は、会津藩において出された「幼年者心得之廉書」の「其一」にほぼ一致する。他にも同廉書とは、父母や目上の人への礼儀を強調していることなどは共通する。朱熹の『小学』は江戸時代に影響力を持った書物であるがそれによると、古（夏、殷、周）の小学では、必要な掃除、人との応対、行動の作法、肉親を愛すこと、長上を敬うこと、師を尊ぶこと、友人に親しむことを教えていたとされ、作法や道徳を教えることが知恵の成長とも連関すると考えられていた。藩校の廉書が継承されていることなど、武士階級の道徳が採用されているところがある。

　この生徒心得でも「清潔と挨拶」（第1条、9条）、親への敬意（第1条）、教師への礼儀（第3条、5～7条、10条、13条）、友人間の礼儀（第12条、13条、16条）などが含まれている。教師に対する「心得」としては指図を遵守することの明記（第5～7条）のほか、第10条「教師の定むる所の法は一切論ず可からず。我意我慢をば出す可からず。」とあることから、教師は「有徳者」であり、教師のいうことは絶対であると振舞うのが当時の「心得」であった。学校がいう「心得」の通りに行動することを教えることが、当時の「道徳」であった。

　『小学生徒心得』は江戸期の内容を引き継いでいると同時に、寺子屋から「畳を排し、腰掛と机をいれる」ことが行われた時期において新たな学校の規則を導入することも行われている。「己の意を述べんと欲する時は手を上げて」とある。当時はまだ多くの人が知らなかった規範が、徐々に普及して今日に至っているといえる。それは、田中不二麿が岩倉使節団の一員として1871年末から欧米諸国を訪問し、学校を視察したうえで1873年3月には帰国している。視察の成果が反映されているところがあるといえる。

　学校内外の礼儀に関することも述べられる。第1条で朝起きたあとに、父母に礼を述べること、第16条では「校内は勿論他所たり共」親切、挨拶、不敬不遜の振舞をしないことが述べられている。礼儀（心得）という倫理的規範と、規則との混同があること、「心得」は学校外のことについても述べられている

ことも今日にまで続いていることである。

　その後、明らかにこれを参照して生徒心得を作成する県がでてくる[13]。ただし、まったく同じではなく実行に移すことを考えてアレンジを加えているところもある。例えば、茨城県では第2条の「参校は十分前」の規定は載せていない[14]。当時は全国において、時計は普及しておらずこの規定の順守は不可能であったと考えられる[15]。今日においても「本鈴の五分前」「十分前」に登校することとする「生徒心得」が残存していることの起源があったといえる。新川県（現、富山県）では第6条の「扣席（ひかえ）」の規定に、「但扣席なき学校此限に非ざる事」という但し書きをつけている[16]。千葉県では、扣席の規定などを削除している[17]。神奈川県では第3条を「校に入れば、先づ教師に礼を述べ次に同席生に挨拶す退散する節も同様たる可し」とするなどアレンジを加えている[18]。

　なお1892年になっても、東京都本郷区の誠之尋常高等小学校では、「朝早く起き、正しく衣服を着、顔を洗い口を漱ぎ、父母に礼をなすべし」「車馬等に逢はば早く路傍に咲くべきこと」などの行動規範を含む「児童心得」を作成している[19]。これは明らかに1873年作成の小学生徒心得の影響力が残存していたことを示すといえる。

　このころから「校則」という用語は使われていたことはある。先にあげた文部省の設置伺文例にあるとおりに、教則を除いた「学校の規則」すべてを指すという意味に使われていたことがあった。1878年に群馬県が制定した「小学校則」では入学時の年齢の規定や、入校時（3月または9月）、病気の時の手続、授業開始・終了時刻、教場、椅子、授業の始終の挨拶など、「学校の規則」であった。1876年に新潟県が制定した「小学校則」は入校手続きにはじまり、授業料納入や休日についてのほか、「授業中妄に席を離る可ざる事」など生徒への禁止事項および罰則事項（三等に区分されていた。罰則として放課後教場における直立する時間を一等は30分、二等は1時間、三等は1時間半に分けられていた）も明記されていた[20]。校則の一部に生徒心得といえる内容が含まれることもあった[21]。例えば、福井県が1874年に発した「小学校則」には「第十章、一、校内は勿論途中と雖も礼節を正しくすべし」とある[22]。岩手県が1875年に発した校則には、「第七条　一、教員は勿論、同輩の者と雖も叮嚀（ていねい）に礼議を行うべき事」とある[23]。この時代は校則が学校でなく県によって制定されていたこともあったといえる。

　その後、「生徒心得」は県や私人から出版されるようになる[24]。東京府では1878年に『学校読本　小学生徒心得』を作成している[25]。全22条からなり、その

第1条は「学文を為すは他なし智を開き身を修め才能を長じ人を頼らずして自営の道を立つるにありされば生徒たるものは第一身の行を正しくし常に学業を勉励し将来の幸福を受る様心懸くること肝要なり」からはじまる。その後、「言語を慎み」「教師に敬礼の意を失ぶべからず」「朝はかならず早く起き」など、1873年小学生徒心得の内容を引き継いでいるところもある。日常生活の心得をふくめて書かれている。一方、「雨天のときは別して傘はきものを取揃へ」「課業畢(おわ)る毎に体操場に出て運動をなすべし」「急に覚えんとするときは却て忘れ易きものなれば一事を覚えて後一事に移る様に心掛くべし」など新たに含まれている内容もある。それはさらに、私人により註解書まで作成された[26]。これらはむしろ「修身書」と位置付けられる[27]。当時教科名は教則にて各県や地域によって決められていたが、1876年から師範学校による教則に「口授」（「諸書を参考して勧懲の事を談話す」[28]）が教科名として設定され、全国に波及したが、そのなかで愛知県西加茂郡では「小学校生徒心得」を教則で取り上げる本として挙げていた[29]。なお、東京府以外にも独自に「心得」の条文をつくったに近い県も多くある[30]。

　この時期に自治的な規則がつくられたことはまずない。1884年の私立「至誠学校制定小学生徒心得」では、「幼きときより学問して天然の智識を研ぎ才芸を長じよく其身を治め自営自治の道を求めされば生涯の幸福を得るを難しされば」とあるが[31]、ここでは経済的な自立という意味であろう。

　例外的なものとして、自由民権期に徳富蘇峰によって設立された私塾である、大江義塾が挙げられる[32]（1882年開校）。大江義塾は「純然たる泰西自由主義に基き自由主義の教育を用い」「其の制度や境遇や純乎たる自由にして生徒の自治に任せ、自から一校舎中一ケの民主国を造るに至り」[33]という方針を掲げている。生徒の自治活動をも通した「不羈(き)独立」の人間の育成が目指されていたといえる[34]。

　同校に「塾則」は存在したが、ごく簡素なものであった。それ以外に、開校三年目の時点での「塾生契約則」は記録されている[35]。それは実質的な生徒心得であった[36]。「我が義塾の国会を開き、我が義塾の真面目なる契約規則を議決せり。此度は前の契約規則を原案となし、討論熟議の上、一の契約則を議決せり」と塾生の自主性のうえで改正が行われている。当時の「塾生契約書」の一部は以下のとおりである[37]。

第一条　本塾生徒たる者は専ら忠実を主とし、品行端正挙動厳粛ならんことを要す
　第四条　幹事二名を公撰し、塾中の諸務を掌らしむ　但し一ヶ月毎に改撰し再撰を許さず
　第五条　毎月二回雑誌を発足し、塾中の記事論説を掲載するものとす
　第十条　本塾は十時を門限とす。若し外出し門限に後れ或は外泊するときは、保証状を持参し幹事に渡す可し
　第十一条　塾中は総て自治を主とするものなれば、規則に掲載せざる者と雖ども、自から謹み又た互いに研磨奨励するものとす

　ここに「規則に掲載せざる者と雖ども、自から謹み」とあるが、当時の塾生の一人であった宮崎滔天は「塾生は自ら課して塾則を設けたり。即ち所謂自治の民なり。此を以て皆楽んで塾則を守り学業を励めり[38]」と述べている。生徒が自ら課したという塾則の中身は、生徒が作成したものゆえに記録に残らなかったのか、筆者の調査では明らかにできてはいない。しかし、ある程度生徒自治を機能させようとして、「一種の理想的共和国とする[39]」ことが目指されていたといえる。しかし、大江義塾はわずか4年あまりで閉校した。

　このころから「生徒心得」は、小学校・中学校ともに県単位で詳細なものがつくられるようになる。例えば、1882年に兵庫県では「生徒心得附生徒罰則」「品行点減殺法心得」「品行採点規則」がつくられた。心得にくわえて罰則を定める明文化するところも増え、すなわち違反行為の類型と対処方法（「品行点」[40]の減点を含む）が明示された。1885年に熊本県では「小学校々則」[41]を定めた。それは事務上の規定や校長・教員の含む、生徒心得、生徒訓戒を含む内容であり今日でいう学則に近いが、県が校則を布達していたこととなる。「校則」はいずれにせよ法令用語ではなく、それが指し示すものは多義的なままであった。

　県・学校によっては小学校の管理・運営に関する規定が学校体制が整っていくとともに「自然ノ必要上」から「成文法ナラズシテ無文法」であっても必要な事項を定めるにいたっていたところがあった[42]。それが徐々に多くの規則を集めることによって、「校則」にまとめ上げられていったところもあった。

2　教育勅語制定後の生徒心得

　1890年の「教育に関する勅語」は次第に生徒心得にも影響を及ぼしていく。当時の生徒心得の状況を示すものとして、1902年の福岡県立中学校学則（県令による。当時の福岡県内の中学校の生徒心得として、県令によって定められていた。）を見ておくことにする。[43]

総領
生徒は常に聖勅の大旨を奉体し以下の条項を銘心服膺すべし
一　校則を遵守し師長に恭順なるべき事
二　衣食起居を慎み身体の健全を務むべき事
三　修学ノ序を履（ふ）み切問近思を務むべき事
四　信義を重んじ志操を固くし言行一致を期すべき事
五　智徳を淬礪（さいれい）し立身報告の基を建つべき事

通則
一　居常身体衣服を清潔にし頭髪は五分刈りたるべし
一　居常行儀を正しく特に尊長者には敬意を表すべし
一　校の内外を問はず公共事物を尊重すべし公衆の妨害となるべき行為あるべからず
一　飲酒喫烟すべからず
一　記名と匿名とに関せす学校の許可を得るにあらざれは新聞雑誌に当初すべからず
一　学校の許可を得るにあらざれは目的の如何に拘らす集会を催し金銭物品を募集すべからず
一　凡そ風教に害ある書籍新聞紙雑誌等は閲読すへからず
一　生徒間互に教具他一切の物品を賃借すべからず妄りに他人の物品を使用し或は戯に之を蔵匿する等のことあるべからず
一　凡て携帯品及書籍外套等には氏名を明記し置くべし

校内心得
一　提示は其当日を経れば一般了承したるものと看做すを以て常に注意すべし
一　登校後は許可を得るにあらざれは校外に出るべからず
一　登校後は教具及帽子靴弁当等凡て他人の分と混雑せざるやう一定の場所に整頓し置くべし
一　校内は教具以外に無用の物品を携帯すべからず

一　小使部屋等に立入るべからず
一　教具其他の要品は必遺忘すべからず若し校内に於て携帯品を紛失し又は他人の遺失品を拾ひたる時は直に職員に申出つべし
一　校舎器具等を誤て汚損毀損せし時は直に組主任に申出つべし
一　指定外の場所に痰唾を吐き又は紙屑其他を投棄する等凡て不潔の所為あるべからず
一　通信簿諸願届書類は凡て組主任に差出すべし
一　廊下通路等に於ては左側を通行すべし
一　内外人来校の時は能く道を譲り猥りに停立し或は群集して凝視すべからず
一　生徒中に於ては能く上下組の秩序を守り互いに敬礼を尽し特に組長の如き勤務あるものに対しては厳に服従して秩序を紊(みだ)るべからず
一　始業終業の時は組長の指揮に従ひて敬礼すべし
一　始業の敬礼に後れて教室に入る者は遅刻者とす遅刻者は其事由を陳へ教師の許可を得て後着席すべし
一　教室に在りては専ら静粛を旨とし起坐共に姿勢を正しくし喧擾(けんじょう)の行為あるべからず
一　教室に在りて発言或は離席せんと欲する時は手を挙げ教師の許可を受け質疑応答の際は起立すべし
一　教室内に授業上必要の書類器具の外携帯すべからず
一　教室内の席次は組主任の指定に従ひ決して私に変換すべからず
一　教室及附属備品の清潔整理保存等は其組生徒の責務とす
一　教室の掃除を終りたる時は組主任の検閲を受くべし

校外心得
一　通学の途中は決して滞遊すべからず
一　父兄保証人家族の同伴無くして妄りに劇場等に立入るべからず
一　居所又は其近傍に於て伝染病患者あるか或は伝染病に罹りたる時は速に其旨を学校に届出つべし
一　本校又は其近隣に失火ある時は速に登校し職員の指揮を受くべし
一　宿所或は其他に於て猥りに買食をなすべからず殊に物品の何たるかを問はず商店等において物品を掛買をなすべからず

宿所
一　宿所門口見易きところに本校所定の名札を掲(かか)ぐべし
一　宿主其居所を転するときは速に届出すへし
一　下宿する生徒にして宿所を転せんと欲する時は予め願出を得て後転宿すべし

服装
一 本校生徒の服装は以下の如し
　一、上衣及下袴共に小倉織にして夏は霜降冬は黒色の達磨形とし級別襟章を附し釦(ぼたん)は桜紋真鍮製とす
　一、外套は士官外套形にして裏地を付けす釦は前項に同し
　一、帽子は黒絨(じゅう)普通海軍形にして白線一条を繞(めぐ)らし前に校章を付し夏季は白布の日覆を蔽ふ
　一、靴は短靴
　　、脚絆は素色麻製にして釦掛
　一、帯は皮帯
　一、夏服着用期は六月一日より九月三十日までとし其他を冬服着用期とす
一 生徒登校の際は必ず前条の服装をなすべし
一 病気其他の事故に依り所定の服装をなすこと能はざる時は病気は医証其他は保証人の証明を添へ日限を予定して出願すべし
　　但　和装着用の時は必ず筒袖及袴を用ふべし
一 夏期は本校指定の略帽を用ふるを得と雖も登校の際は着用するを許さず
一 校外に於て正服を着用せざる時は必ず袴を着くべし

　ここに「聖勅」の文字があるが、1890年「教育に関する勅語」（教育勅語）の影響は生徒心得にも及んでいる。「師長に恭順」がつづくがそれのみならず「尊長者」「組長」への敬意や従属が求められている。集会や表現に関する規制（新聞雑誌への投稿、閲読が禁止される書籍新聞紙はありえるなど）が書かれている。通学途中および校外に関しても寄り道、買い食い、劇場にいく場合に父兄同伴などの規則がさだめられている。服装に関しては軍隊を意識しているところがある。
　教育勅語の次に戦前の生徒心得に影響を与えたものは1908年の「戊申詔書」である。生徒心得の冒頭に「教育勅語及戊申詔書の御趣旨を奉体し」とした学校が多く存在した。戊申詔書では、日露戦争後の世情を鑑みて、「勤倹産を治め」「華を去り実に就き」すなわち、勤勉、倹約、贅沢を避け実利を優先することが述べられている。服装に「華美をさける」規定をおいていることは、戊申詔書以前から存在するものの、より一層定着したと考えられる。
　当時は、生徒心得は「道徳教育」とむすびつくものであった。1902年の中学校教授要目では第1・2学年の「修身」のなかに、「生徒心得　当該学校の規則、師長に対する心得、生徒の本分等」という項目がたてられていた。それは、

1903年の高等女学校教授要目においても同様である[46]。

当時の検定済教科書をみると、中学では「学校の規則は生徒修学の便を謀りて設けたるもにて、生徒を覊束するものに非ず。されば生徒は日夜これを謹み守りて、敢て怠らざらんことを心掛くべし。且学生は、入学のはじめに当り、何人も、その学校の規則に服従すべしと誓約せざるものなし。……如何に煩はしき規則にても、慣れれば守り易くなるものなり。況や学校の規則の如きは、唯修学の便を謀るのみいして、毫(すこし)も煩らはしきものに非ざるおや[47]」と書かれている。生徒心得の厳守が、それが学習のためになるものとして説かれている。当時の教科書は規則の厳守を語るものが多い[48]。高等女学校用教科書ではさらに、「規則はうはべのみ守るべからず、心底より服従すべし。うはべにのみ守るは、善事にあらず[49]」と、規則を「心底から」守ることを求めているものもある。

長野県知事は1900年1月に「小学校長は訓育・教授・管理に関し相当の校則を設くべし」と訓令した。校則にのせるべき重要項目も定めた。それをうけて、ある小学校長は郡長に申し出て許可をうけた。それでできた「校則」は、「御真影並ニ勅語謄本ノ奉護ニ関スル事項」にはじまり、「職員ノ勤務ニ関スル規程」「教授ニ関スル規程」から「訓育ニ関する規程」「学校衛生ニ関スル規程」などを含んでいた。さらに、1901年には「学校長は校則を制定すべし」と県令で定められた[50]。この頃から次第に、生徒心得は県が示すものから、学校が独自で定めるものとなっていく[51]。学校全体に「校則」「校規」が定められ、その一部として生徒心得があるという位置づけになった[52]。校長がかわることにより、その校長の方針を示すものとして「生徒心得」が変わることもあった。例えば、東京府立第一中学校では、1910年に当時の川田校長が、従来の細部まで規定していた生徒心得を廃して、5箇条細則6条のみのものとした[53]。

3　大正期の「新教育」の動きと「自治」

大正期になると、新教育（児童中心主義）の教育思潮の影響が広まった。それは「生徒心得」に影響を与えたであろうか。全国に「新学校」とよばれる学校が設立されたが、千葉師範学校附属小学校では「学級自治会」まで設置されたが、規則づくりを行うというところには至らなかった。それは多くの私立学校を含めての「新学校」と呼ばれる学校でも同じであった。公立小学校でも「児童自治」や「校内自治」という観念が盛り込まれたところはあった。自治会に

より児童役員を決定したところ、通学団を組織して、学校の登下校を自主的に行わせたところもある。新潟県では県内殆どの小学校で「児童自治会または自治団」という組織がつくられた。しかし、生徒心得に影響を与えるまでには至らなかったようである。

　一方で中学校や高等女学校においては、（あくまで当時の意味としてではあるが）明治期からさかのぼって「自治」の動きがあり、生徒心得にも影響をあたえた事実がある。高等女学校で「学校よりの命令禁止を待たず常に自発的自治的に善処し報徳会の決議事項は特に其の実践を期すべし」と定めているところがある。戦前の「自治」とはあくまで「先生に頼らずに」自分たちのことを自分たちで処理せよ、という意味あいがある。ある高等女学校では、「自治団」がつくられ、整理係、運動係、風紀係がつくられていた。それは校内の清潔整頓、運動の奨励、生徒の言語、動作、服装、携帯品などの注意を行う担当である。さらに、当時の「自治」は上級生による下級生への支配というところがあった。1914年の長野県学事年報には「自治協働的精神を要請せしめ生徒は常に上級生は下級生を率ゐ下級生は上級生に拠り協同一致相援りて以て学徳を錬磨する様指導せり」とある。「師長を敬う」という儒教的道徳と自治が結びついていたといえる。

　長野県内の松本中学校では、1897年に「矯風会」という今日でいう生徒会組織がはじまった。松本中学校には、「忠孝の心を存し、尊王愛国の志気を持すべき事。」「長を敬し、幼を慈しみ、正直信義を守り、親切忠智を旨とすべき事」という「生徒心得」は存在した。それ以外のこととして、全校生徒による総会において、「風紀取締に関する決議事項」（「矯風会規約」といわれる）が採択された。「矯風会」の仕事は「自治の精神と校風の発揚」と結び付けられて論じられた。

　1932年の決議事項は、「礼儀に関するもの」「服装に関するもの」「所持品に関するもの」「飲食店・興行物に関するもの」「その他」で構成される。「礼儀」「服装」に関しては以下のとおりである。

　　一、礼儀に関するもの
　　　一、小林校長の銅像に対しては其前を通過する時は必ず脱帽敬礼する事。自転車に乗りたまゝ通過すべからず。
　　　一、本校職員に対しては校の内外を問わず出会う毎に敬礼する事。

一、生徒相互に於いては「失敬」の言葉を以て敬礼とする事。
 二、服装に関するもの
　一、服地は小倉又はヘルとし、ローカラー及びセイラーズボンは厳禁。ズボンの裾は外に折るを禁じ、ズボンのポケットは前に付くべからず。カーキ色・白色ズボンは選手の運動をなす時のみ許す。
　一、履物は制規の編上靴・短靴・蹴球靴・ゴム靴及下駄とし、雨天に限りゴムの長靴を許す。軍隊靴又は持合せの赤靴は使用を許すも黒く塗りて用ふる事。登山靴は登校の際は禁ず。
　一、校舎内は上草履・スリッパー・運動靴のみ許す。雪駄は制服制帽の時厳禁す。
　一、帽子は制規の海軍型とし、筋は前後何れよりも見得らるゝ様に、縁にそつて着け氏名など書き込まぬ事。丸まらぬ様注意し、アゴ紐は必ず附くる事。
　一、和服外出の時帽子を戴く時は必ず袴を着用すべし。巳むを得ざる場合の外袂つきの和服にて登校するを禁ず。

　所持品に関しては、「所持品には姓名を明記すること」や「手提げカバン」の規定がある。飲食店に関しては「飲食店は『竹の屋』『甘党の陣屋』の外、団体の会合又は父兄等同伴と雖も出入りするを許さず。カルシーム饅頭は許可す。饅頭は店内にて食すを禁ず。氷屋は『三松屋』の外禁ず」、興行物に関しては「興行場は『松本キネマ』・『キナパーク館』を除き他は許可す」と、具体的な店名まであげて禁止事項を定めていた。それは、「日常生活を厳しく規正する憲法」[64]であった。毎年4月に矯風会総会が開かれ、若干の改訂を加えつつ継承されていった。例えば「三松屋」は1936年に禁止された。一度決まると1年間は改正できる機会がないので、その後同年に（おそらく役員外の）5年生から「三松屋を許可して貰いたい」の投書が行われた記録がある。[65]
　矯風会が自治的に運営されたところはあり、生徒たちでルールをつくったとはいえるが、上級生による下級生管理（風紀取締）という意味合いが強かったといわざるをえない。なお、矯風会は「服装検査要点」を作成してもいる。[66]
　他にも、小樽中学校では、生徒大会において「吾人の信条」なる生徒心得[67]を作成している。「人格の向上をさせませう」「礼儀を正しくしませう」「学業に勉励しませう」「規律を守りませう」質実剛健の気風を養いませう」「忠告は善

意深切を以てのみ行いませう」といった、「心得」を自分たちで示して「全校一致奮起結実実践躬行しませう」と結んでいる。

上級生の「支配」を示す記録については、藤岡中学校の1934年の「藤中訓育報告書」では、「学校自治訓練の徹底」としては「上級学年の訓練に主力を注ぎ自治組織の中核を構成し下級学年の指揮指導の任に当らしむ」と述べている。修猷館中学校では「風紀部」が創設され、風紀部の委員は5年生、4年生の生徒から選出された。風紀部細則第一条では「修猷館風紀部の目的は生徒自治の精神を作興し、校風を維持伸長し社会の悪風潮に動かされず国家興隆の源泉たらんことを期するに在り」と規定されていた。

4　昭和期の生徒心得

中等教育において「法制及経済」にかわって、1930年〜1932年にかけて、中等学校（実業学校、中学校、師範学校、高等女学校）において、「公民」科が設置されるようになる。

中学校の公民科の教授要目に、「教育」の項目があった[70]。それに基づく教育内容は、教科書をみると、学校の役割、歴史など教育制度の知識教授がその内容であった。高等女学校教授要目では「女子の母たり妻たるの地位、家庭における任務等に留意し」[71]とある。

教授要目をうけて、公民科の授業における公民教授とともに公民訓練が主として授業以外（生活の場）において行われることが構想されていた。生活の場において公民訓練によって公民的資質の育成が構想されていた[72]。当時の論者の一人である岡篤郎は、「学級の自治」「学校の自治」による「公民的精神と公民的特性を涵養することに努力しなければならぬ」[73]と述べている。「校訓、生徒心得を中心」としている生徒訓練が抽象的な問題について「何々すべからず」といった消極的事項だけをあげていることを批判している[74]。

一方で彼は、「近来学校の自治、学校教育の社会科の一方策として多くの学校で学校村、学校市、擬国会等が行はれる。しかし、常に、教育を担当するものが周到なる容易と完全なる指導の下に之を行はなければ、往々にして、政治的狂言を演じ、政治的遊戯をなさしめるのみならず、時には不自然な名誉心、競争心を刺戟(げき)して質実な青年、処女の気風を傷つけることがあることに注意しなければならぬ。」[75]と述べて、学校を市町村と同一視することは批判している。

他にも、千葉敬止や鹿兒島登左などが学級や学校を「小社会」と見立てて、よき校風をつくるなど公民的訓練の場とするべき、という見解を欧米の議論を参照したうえで述べている。自治の本義とは、「学校の公務に生徒を参与せしめるものであって、生徒をして学校の主義なり方針なり校風なりを体得せしめ、教師と協力して、或はその指導をうけ或はその指導をうけ或はこれに対して必要な献言をなさしめ、訓育の刷新と発揚なりをはかるという点」にあると述べる論者もいた。この時代において、生徒参加による学校自治、それによる公民的資質の育成という観念があったとはいえる。
　具体的な実践例をあげると福岡県嘉穂中学校では、生徒から級長、副級長、監督生主任、監督制補、校友会役員を選挙する制度を「立憲的精神を正しく体得せしむる一手段」と位置付けられていた。ただし、当時の「公民訓練」は例えば宮城遥拝と結びつくなどの意味においての「公民」訓練であった。そして、それも次第にさらなる「国粋主義」と結びつくこととなる。
　次第にファシズム、戦時下へとむかう情勢が学校の生徒心得にも表れていく。校訓を徐々にあらためていく例として、千葉県立成東中学校の例をみてみよう。1915年の時点の校訓は「誠実を盡すべし」「勤倹を旨とすべし」「風紀を重んすべし」の三ヶ条であった。それが、1933年には「質実剛健の気風を養ふべし」「勤敏努力をもって本務の遂行を期すべし」「公徳を重んじ秩序を尚ぶべし」と改められた。服装心得に関しても「服装は心性を表はすものなれば質素清潔整正を旨とし」などとより規定は細かくなり、敬礼に関する心得も「最敬礼、普通敬礼、挙手注目の敬礼」についてそれぞれ細かく定められることとなった。さらに、1935年になると校訓は「教育に関する勅語の御趣旨を奉体し、天壌無窮の皇運を扶翼し奉るの信念を持ち」という文言からはじまるようになった。さらに1937年の教育綱領で「日本精神を涵養すべし（国本主義）」が筆頭におかれるようになった。加えて、1940年には国民精神総動員運動が叫ばれるなか、校訓も「国体の本義に徹し皇恩の無窮なることを思念すべし」「深く内省し長を伸べ短を補うことを期すべし」「堅忍不抜本務の遂行を期すべし」と再び校訓は改められた。1942年には「敬神崇祖」「滅私大和」「質実剛健」「積極敢為」「廉恥礼譲」となった。ここまで頻繁に改められたのはむしろ例外的かと思われるが、多くの学校で校訓や生徒心得が戦時色の高まりを反映して改められていった。
　他にも例を挙げると、佐倉高等女学校の自治会は「挙国一致、堅忍持久の精

神で、事にあたりましょう」「神社仏閣に皇軍昇平の武運長久を祈願致しましょう。」「国産品を愛用致しましょう。」「贅沢品はやめましょう。」「日の丸弁当及び一銭貯金を励行しましょう。」「冗費を節約して国防、恤兵、慰問資金と致しましょう。」「出征兵士に慰問文、慰問袋を送りましょう。」といったことを「決定」している。徳島県では1939年に「興行場への入場制限」「遊技場への入場禁止」「享楽的飲食店への出入禁止」をいう通牒がだされた[83]。物資統制がはじまってからは、服装の規程を実態にあわせざるをえなくなったことがある。中学校であり合わせの詰襟服が黙認され、さらにカーキ色の国民服が増えていった。通学時の靴が編上(へんじょうか)靴と定められていたのが入手困難となり、短靴やズック靴を履くものが増えた[84]。

1941年1月28日には文部省より通牒により、「制服生地等の計画的生産並に配給機構の一元的統制」がいわれ、男女の制服の規格が示された[85]。さらに、翌1942年5月12日の通牒では「制服の生産並びに配給は真に必要なる数量に限定せらるること[86]」、と述べられた。ある中学校では1941年度から「軍服に準じた制服」「戦闘帽」となった。当時、登下校に巻脚絆を着けていたが、従来は木綿杉綾織の生地から再生品のカーキ色のラシャ地となった[87]。制服が「国防色詰襟」となったところもある[88]。

1943年に福岡県では「中等学校、青年学校、国民学校の女教員並びに女生徒女児童は学校往復途上必ず『モンペ』を着用すること尚校内にありても原則としては『モンペ』とす[89]」という通知がでたこともあった。そこでは一方、「中等学校、青年学校の男教員並びに男生徒は教練、警報発令等の時のみならず学校往復途上も『ゲートル』を着用すること[90]。」とあり、軍事的なことは優先されていた。

戦時色の強まりにより、軍事優先および物資不足が生じたことが、生徒心得や学校における行動規範に影響を及ぼしていたといえる。

注
1） 『西加茂郡誌』1926年、211-213頁。
2） 熊澤恵里子『幕末維新期における教育の近代化に関する研究』2007年、風間書房、76頁。
3） 熊澤恵里子、前掲書、78-82頁。『西周全集　第二巻』445-461頁。
4） 『西周全集　第二巻』前掲、460頁。

5） 『法令全書　明治6年』1873年、1440-1441頁。
6） 文部省正定『小学生徒心得』1873年、（東京）師範学校。
7） 確認できているだけで、宮城師範学校から1874年7月に、富山県にて1878年3月に、石川県にて1882年9月、及び山形県活版社（出版年不明）から出版されている。
8） 青森県「小学生徒心得」『青森県教育史　第三巻資料篇Ⅰ』青森県教育委員会、1970年、120-121頁。なお、兵庫県は1873年12月、小田県（現在の岡山県西部、広島県東部）は1874年3月、福岡県は1875年7月に生徒心得を作成している。兵庫県「小学生徒心得」『神戸小学校五十年史』1935年、82-83頁、「小田県小学生徒心得」『岡山県教育史　中巻』1942年、161-162頁、福岡県「小学生徒心得」『福岡県教育百年史　第一巻　資料編（明治1）』1977年、540-541頁。なお、栃木県「小学生徒心得」（出版年月不明）『栃木県教育史第三巻』1957年、43-44頁。
9） 小川渉遺『会津藩教育考』井田書店、1942年、22-26頁。
10） 宇野精一『小学』明治書院、1970年、5頁。
11） 教育史学会編『教育史研究の最前線』日本図書センター、2007年、275頁（辻本雅史執筆）。
12） 森川輝紀『増補版　教育勅語への道』三元社、2011年など参照。
13） 以下に引用するもの以外に、「生徒心得ノ事」『埼玉県教育史第三巻』1970年、165-166頁、「山梨県学則　生徒心得」『山梨県教育百年史　第一巻明治編』1976年、545-547、神奈川県「小学生徒心得」『鎌倉教育史』1974年、58-59頁、山形県「小学生徒心得」『山形県教育史資料　第一巻』1974年、244-245頁。東筑摩郡教育会「生徒心得」『松本市教育百年史』1978年、100-101頁、岡山県「小学生徒心得」『御休創立120年誌』1993年、38頁、など。
14） 『茨城県教育史上巻』1958年、369-370頁。なお、群馬県は1878年小学生徒心得を文部省のものをベースに全24条で定めているが、文部省の第2条の内容はない。追加されたものとして、「人の衣装の精粗美悪を称誉譏笑すべからず」など、すでに始まっていた学校の問題に対応していると思われる。なお、同様のものとして参照『群馬県教育史　第一巻』1972年、317-319頁。
15） 西本郁子「子供に時間厳守を教える」橋本毅彦・栗山茂久編『遅刻の誕生』三元社、2001年、157-187頁。
16） 『文部省准允　小学生徒心得』新川県学校梓行、1873年。なお、同書は第十七条にも末尾以下に「従来当国の児童悪しき習にて人の馬に乗り来るを見て直に其の前途に両手を広げ渡り……宜しからぬ事なれば向後相慎むべきなり」と追加している。
17） 「小学生徒心得」『千葉県教育百年史　第3巻（資料編明治）』、1971年、21-22頁、
18） 「小学生徒心得」『神奈川県教育史資料編第一巻』1971年、88-89頁。
19） 寺崎昌男監修『誠之が語る近現代教育史』第一法規、1988年、419-420頁。
20） 『群馬県教育史　第一巻』1972年、321-326頁。小学校印の雛型や生徒用椅子の図及び寸法も規定されていた。

21) 『新潟県教育百年史明治編』1970年、153-154頁、1013-1014頁。
22) 『福井県教育百年史第三巻資料編（一）』1975年、59頁。
23) 『岩手近代教育史　第一巻　明治編』1981年、405頁。
24) 『大分県小学生徒心得』1878年、『神奈川県小学生徒心得』1880年、群馬県『小学生徒心得』1879年、『高山氏　小学生徒心得　巻一、巻二』1880年、静岡県学務課編輯『児童心得』、1881年、大島一雄『小学生徒心得　巻一、巻二』1881年、長崎県学務課『小学生徒心得読本』1881年、藤野直方編『生徒心得』1882年、『福島県制定　小学生徒心得』1883年、『新潟県小学生徒心得』1885年、など。
25) 『学校読本　小学生徒心得』（明治11年7月改刻）東京府、1878年。なお，同書は約5年間にわたり改刻され続けた。
26) 青木唯七郎『小学生徒心得註解　全』1878年。
27) 宮田、前掲書、21-22頁、松野修「明治前期における児童管理の変遷」『教育学研究』53(4)、1986年、355-364頁、参照。
28) 『自第一学年至第六学年　東京師範学校沿革一覧』（1981年復刻）、第一書房、71-84頁。なお参照、海後宗臣『明治初年の教育』評論社、1973年。
29) 片桐芳雄『自由民権期教育史研究』東京大学出版会、1990年、184-185頁。
30) 『長崎県教育史　上巻』1942年、482-486頁、『福岡県教育百年史　第1巻資料編（明治Ⅰ）』34-37頁。鳥取県『生徒心得書』『鳥取市教育百年史』1974年、737頁。「熊谷県生徒心得」（1873年11月制定、現在の埼玉県と群馬県の一部をさす）『群馬県教育史第一巻』1972年、287-288頁など。
31) 至誠学校『小学生徒心得』緒言、1884年。
32) 自由民権期には、教員に対して「演説や雑誌の編集を禁止」することや、生徒集会、演説会の取締りを求める県からの布達がだされたことがある。『新潟県教育百年史明治編』1970年、284-286頁、『秋校百年史』1973年、39頁。
33) 「大江義塾沿革一斑」『同志社大江義塾　徳富蘇峰資料集』1978年、三一書房、321頁。なお、大江義塾については参照、花立三郎『大江義塾』ぺりかん社、1982年。
34) 参照、片桐芳雄「民権の学塾の教育」国民教育研究所・「自由民権運動と教育」研究会編『自由民権運動と教育』1984年、草土文化、295-349頁。
35) 「私立変則中学校設置伺書」「私立大江義塾規則改正伺書」『『同志社大江義塾　徳富蘇峰資料集』1978年、三一書房、336-340頁。
36) 参照、片桐芳雄『自由民権期教育史研究』1990年、東京大学出版会、266頁。
37) 「塾生契約則」『同志社大江義塾　徳富蘇峰資料集』1978年、三一書房、645-646頁
38) 宮崎滔天『三十三年の夢』平凡社、1967年、8頁。
39) 鹿野政直『近代精神の道程』花神社、1977年、188頁。
40) 他に、例えば山形県では1881年に「小学生徒心得」に加えて「小学生徒罰則」を定めている。『山形県教育史資料　第一巻』1974年、244-246頁。
41) 『熊本県教育史　上巻』臨川書店、1975年、613-615頁。

42）　参照、『長野県教育史　第二巻総説編二』1977年、長野県教育史刊行会、210-214頁。
43）　『創立百年史』福岡県立小倉高等学校、2008年、170-172頁。
44）　弘前中学校生徒心得綱領、『鏡ヶ岡百年史』1983年、137頁。宮城県立高等女学校細則『一女高百年史』1997年、428頁。『石川県立金沢第一中学校一覧　大正4年度』1916年、121頁、『千葉県立木更津中学校一覧　大正7年度』1918年、48頁、など。
45）　文部省訓令第3号（1902年2月6日）『官報』5575号、1902年、106頁。
46）　文部省訓令第2号（1903年3月9日）『官報』5901号、1903年、201頁。
47）　井上哲次郎『中学修身教科書巻一』1903年、1－2頁。
48）　例えば、高嶋平三郎編述『中学修身教科書　巻之一』元々堂書房、1903年、5頁、井上哲次郎『女子修身教科書巻一』1903年、3頁、啓成社編纂『女子修身経典　一の巻』啓成社、1906年、4頁。
49）　井上哲次郎『女子修身教科書巻一』1903年、4頁。
50）　『往郷・中部小学校沿革史』1997年、240-241頁
51）　長野県令第14号、1901年3月6日、『長野県教育史第十二巻資料編六』1977年、62頁。
52）　参照、高野桂一『学校経営の科学化を志向する学校内部規定の研究』明治図書、91頁以下。
53）　『日比谷高校百年史』102-103頁。参照、斉藤利彦『競争と管理の学校史』東京大学出版会、1995年、4－5頁。
54）　参照、『皆野町教育百年のあゆみ』1974年、99頁。
55）　『新潟県教育百年史　大正・昭和前期編』1973年、462-464頁。
56）　戦前期において1905年に谷本富の博士論文により、「学校憲法」「学校裁判所」の設置を含めて生徒による自主自治と法治の秩序の設定が構想された。ところが彼の博士論文は戦後まで公開もされず、現実に影響を及ぼすことはなかった。大津尚志『校則を考える』晃洋書房、2021年、16-19頁、谷本富『中等教育の革新』（私家版）1962年。
57）　『山口県立山口中央高等学校百年史』1990年、282頁。
58）　兵庫県立第一神戸高等女学校『創立三十周年記念誌』1932年、97頁。
59）　「上級生支配の自治」について、市山雅美「旧制中学校における自治の概念と諸類型」『湘南工科大学紀要』40（1）、2006年、87-94頁、参照。
60）　『長野県教育史　第13巻』1978年、長野県教育史刊行会、628頁。
61）　『長野県松本中学校　長野県松本深志高校九十年史』1969年、208-209頁。
62）　参照、『深志百年』1978年、251頁
63）　『長野県松本中学校　長野県松本深志高等学校　九十年史』1969年、708-709頁。傍点原文。
64）　前掲書、708頁。
65）　『深志百年』1978年、254頁。
66）　『長野県松本中学校　長野県松本深志高等学校　九十年史』1969年、713頁。
67）　『潮陵五十年史』1953年、95-96頁。

68）　『藤岡高校八十年史』1975年、625頁。
69）　『修猷館二百年史』1985年、203頁。
70）　文部省訓令第5号（1931年2月7日）『官報』第1231号、1931年、139頁、釜本健司『戦前日本中等学校公民科成立史研究』、風間書房、2009年、145-147頁。
71）　文部省訓令第3号（1932年2月19日）『官報』1539号、1932年、460頁。
72）　参照、宮本光雄『社会科教育の本質に関する研究』2011年、28-32頁。
73）　岡篤郎『公民教育概論』賢文館、1930年、111頁。
74）　前掲書、116頁。
75）　前掲書、99-100頁。
76）　千葉敬止『内外における輓近の公民教育と其の方法』教育研究会、1926年、325頁、408頁、鹿児島登佐『新公民教育の研究』1923年、392頁以下、など。
77）　及川儀右衛門「中学校に於ける公民教育と公民的訓練」『公民教育』4(6)、1934年、60-66頁。
78）　矢野酉雄「我校に於ける公民教育の実際」『公民教育』第3巻第1号、1933年、60-70頁。なお、小学校におけるものとしては、堀田静「尋常小学校に於ける公民教育に就て」『公民教育』3(2)、1933年、56-64頁。東京市政調査会編『自治及修身教育批判』教育研究会、1924年。
79）　『九陵百年』（千葉県立成東高等学校）2000年、197頁。
80）　前掲書、368-371頁。
81）　前掲書、384-385頁。
82）　千葉県立佐倉東高等学校『創立七十年記念誌』1977年、100-101頁。
83）　『徳島県教育沿革史続編』1959年、119-120頁。
84）　『横浜三中・三高・緑高六十年史』1983年、194-196頁、『新潟県教育百年史　大正・昭和前期編』1973年、608頁。
85）　通牒（1941年1月28日付け、発普第31号）『文部省例規類纂　昭和16年』1941年、30-40頁。
86）　通牒（1942年5月12日付け、発普第102号）『文部省例規類纂　昭和17年』1942年、6頁。
87）　『八女高百年』2009年、123頁
88）　『嘉穂百年史』2001年、89頁。
89）　福岡県・内政部長（昭和18年6月26日）『福岡中央百年史』1998年、112頁、443頁。
90）　前掲、443頁。なお、『新潟県教育百年史　大正・昭和前期編』（前掲）、990頁。

戦前期の女子教育における生徒心得

1　女子教育における生徒心得

①　女子教育と生徒心得

　1872年の学制布告書では男女の別なく学ぶ必要性が語られた。1876年度には女子生徒が20名以上在学する中学校も16校存在した[1]。その後、1879年教育令において、「凡学校に於ては男女教場を同くすることを得ず」と定められて男女の教育は別の場所で行われるものとされた。その後、中等教育以上では男女は別の学校で学ぶということが基本となっていく。ここでは、戦前の女子教育における生徒心得について注目していく。まず、当時の女子教育に関して特有の点について分析する。次いで、今日においても男女別の規則が存在しがちな服装・頭髪についてを扱う[2]。

　明治初期に既に裁縫などを教える女紅場と呼ばれる女子教育機関が存在したが、1877年の時点である女紅場[3]が堺県および文部省に提出した書類において既に「入場の生徒は第一容儀を整え言辞を柔かにし場中は無論在宅の時と雖も輕躁の所作これある可からず。衣服並に用具等の美悪は其家に因ると雖も勤めて華美を去り質素を主とすべし　用具に俳優の微號印し及びその面貌を貼する等は固く之を禁す」という生徒心得が定められていた[4]。容儀や言葉遣いに気を付け、華美をさける、俳優の写真や似顔絵を禁止するなど、その後につながる内容が既に存在している。

　1885年には「華族女学校」が設立された。1884年の華族令をうけて、華族の子どもを受け入れるためにである[5]。生徒心得では第一条「本校の生徒たる者は常に皇后宮の盛旨を服膺し心を正しく行を励まし温良貞淑の女徳を養成せん事を勉むべし」、第二条「本校に在て学業を勤むる者は他日夫に配しては良妻たるべく子を持てば賢母たるべく……」とある[6]。「良妻」[7]「賢母」という概念は高等女学校令の発足時に文部大臣樺山資紀の発言でも言及されていて[8]、その後他の女子中等学校も採用されるようになる。

　中等学校に関する法令整備に関して、男子の中学校令は1886年に公布された

が、1891年に中学校令の一部改正により高等女学校の文言があらわれ、1895年に高等女学校規程、ついて1899年に高等女学校令が公布された。

　高等女学校規程では学科目のうち筆頭におかれている「修身」の「程度」については、「教育に関する勅語の旨趣に基きて人道実践の方法を授け兼ねて作法を授く　修身を授くるには躬行実践を旨とし務めて貞淑の徳を養ひ起居言語其の宜きに適せしめんことを要す」と述べている。

　1890年教育勅語の後の1891年の小学教則大綱においては、「修身ハ教育ニ関スル勅語ノ旨趣ニ基キ」「孝悌、友愛、仁慈、信実、礼敬、義勇、恭倹等実践ノ方法ヲ授ケ」につづいて「女児ニ在リテハ殊ニ貞淑ノ美徳ヲ養ハンコトニ注意スヘシ」と述べている。ここにも「貞淑」の語がある。どうしてこの語句が採用されたかは筆者の調査では定かではない。男女に教えられる道徳は必ずしも同じではないことが明文化されていたといえる。

　中等教育学校においては、1899年の高等女学校令では「高等女学校は女子に須要なる高等普通教育を為すを以て目的とす」と定めていたが、1920年の改正により上記に「特に国民道徳の養成に力め婦徳の涵養に留意すべきものとす」（傍点筆者）が追加された。

　では、婦徳あるいは女子教育における徳とはどのようなものと考えられていたのであろうか。

　ここでは、一例として札幌高等女学校の1910年の時点での生徒心得を挙げておく。

第一条　生徒は常に教育に関する勅語の御趣旨を奉体し知識を発達し淑徳を涵養し身体を強健ならしめて以て有用なる優良の婦人たらんことを期すべし
第二条　学校に在りては能く校則を守り教師の教訓に遵ひ生徒相互を姉妹として相和睦し善良なる校風をなさんことを務むべし
第三条　家庭に在りては能く父母尊重の命に服し弟妹を扶助し務めて家事の補助をなすべし
第四条　凡て行為は誠実を旨とし言行の表裏あるべからず
第五条　謙遜にして非礼の言動なく他人を侮蔑する等の振舞あるべからず
第六条　倹約を守り凡て物品を大切に取り扱ひ無用の失跡を為さず学用品の如き実用を弁するを以て足れりとすべし
第七条　温順にして常に柔和なるべしと雖も又内に堅忍の気象を養ふを要す
第八条　自信自重の態度を保ち苟も軽侮浮薄なるべからず

第九条　心身の状態は常に快活なるべし陰鬱なるべからず
第十条　自治の習慣を養ひ凡て為し得ることは他人を煩はざるよう注意すべし
第十一条　衛生を重んじ運動を怠らず労働を厭はざるの習慣を養ひ常に起臥飲食を節制すべし
第十二条　清潔の習慣を養ひ身辺の斉整を保つたとに注意すべし
第十三条　紀律を守り約束を違へず時間を過ざさるやう注意すべし
第十四条　公徳を重んじ公共の利害は自己の利害に同じことを忘るべからず
第十五条　言語は常に叮嚀にして雅純なるべく明快にして首尾簡潔するを要す又虚言はもちろん大言と多言を戒しむべし
第十六条　姿勢は標準に依りて之れを正ふし容儀を乱さず座作進退常に静粛なるべし
　　一、起立の姿勢（略）
　　二、椅子に倚る時の姿勢（略）
　　三、着座の姿勢（略）
第十七条　服装に関しては凡て質素にして衛生に適ふを旨とし附属品の如きも苟も華美なるものを用ふべからず
第十八条　生徒の敬礼は下の心得に依りて行ふべし（略）
第十九条　上校下校のときは下の諸項を守るべし
　　一、上校は始業時限十分前たるべし
　　二、修学日記及当日の所要の学用品を忘れぬよう注意すべし
　　三、所定学用品の外許可なきものは一切携帯すべからず
　　四、往復途中乗車すべからず但疾病等止むを得ざるときは許可を受くべし
　　七、下校の際故なく校内に留まるべからず
第二十条　教室に在りては下の諸項を守るべし
　　一、静粛を旨とし殊に姿勢を正しくし私語又は防寒する等苟も教室の体面を傷ふが如き挙動あるべからず
　　二、机内は常に清潔にし諸物の整頓を怠るべからず
　　三、授業中止むを得ず教室に出入せんとするときは教師の許可を待ち静かに身体すべし
　　四、襟巻を用ふべからず
　　　　但し疾病に依り許可を得たるときは此限にあらず
第二十一条　運動場に在りては下の諸項を守るべし
　　一、快活に遊戯運動することを務むべし
　　二、編物書見等をなすべからず
　　三、運動場構外に出つべからず
　　四、淑徳を害する遊戯運動をなすべからず
第二十二条　俚歌俗謡を歌唱すべからず
第二十三条　猥に他人を品評し毀誉褒貶すべからず

> 第二十四条　如何なる場所にも楽書をなすべからず
> 第二十五条　漫に金銭を携帯すべからず
> 第二十六条　金銭は勿論私に物品を貸借すべからず
> 第二十七条　生徒各自の所有品には必ず学級氏名を明記すべし
> 第二十八条　校内にて金銭物品を失ひ又は拾ひたる時は直に監督当番の教師に届出つべし
> 第二十九条　疾病その他止むを得ざる事故ありて欠席するときはその理由を認め保証人の検印を受け即日若しくは翌日学校長届出つべし（以下略）

　教育勅語にはじまり、質実剛健（服装の華美をさける、実用を第一とする、倹約）などが求められているのは中学校と共通である。ここでは服装や髪型について具体的には指定していない。

　生徒心得に関して、当時の女子教育に特有の点としては、第一には温順、柔和、淑徳といった道徳が求められている点がある[11]。「温良貞淑は本邦の婦人の美徳にして閑雅優美は我国女子の長所なり而して教育を受けたるもの往々之を損するものあり戒めざるべからず」と定め、さらに「勇気忍耐は神聖なれば婦徳を全くするの要道にして家庭の労役に服し雖も遊惰の風に侵さるることなかれ」と、将来家庭にはいるために「勇気忍耐」を強調している高等女学校もある[12]。「忠孝の大義を明にし温良貞淑の婦徳を養うべし」と述べ[13]、教育勅語が述べるような忠孝と貞淑は同じ位置におき、さらに温良貞淑の中身としては「優しさ女らしさを失はぬ様に努めませう。……行儀を正しく致しませう。……行儀を正しく致しませう。……」と説明しているところもある。

　第二には礼儀作法の規定が多いところである。上記にも「言語は常に叮嚀にして雅純なるべく」とあるが、山形高等女学校では「容儀は端正に進退は静粛なるべく言語は丁寧にして且優美明亮たるべし」とあり、「敬礼」「姿勢」「教室出入り」について心得を定めている[14]。言語に関しては、学校によっては「地方元、訛言等のうち、下品にして忌むべきものは用ひざる様」と述べ、例えば「アテ、アテン、アタイ、アタシ、ワタシ、ワーシ」などは「ワタクシ」に矯正することを求めた学校もある[15]。

　第三には、家庭において弟妹の扶助、家事の補助についてが言及されている点がある。高等女学校の役割が将来の「良妻賢母」を育てることがいわれたことの反映である。家庭においてどういう振る舞いをなすべきか、ということも含められていた。1932年の時点で高等女学校卒業後に「進学」「就職」を選ぶ

ものは3割程度にすぎず、「家居、結婚等」という進路を生徒が多かった。[16]

なお、戦前の中等学校においては男女別学が大部分であったわけであるが、官立の男女共学校としては、東京音楽学校があった。同校の生徒心得細則には男生徒と女生徒の服装規程の違いのほかにも、「女生徒は登校の際直に通信簿を、生徒係に差出すべし」および、下校時に通信を受取るという規則があった。女生徒にのみそのような義務が課せられていた。また、「男生徒と女生徒の間に於て文書を往復し又は談話等をなさんとするとき」には「予め生徒係の許可」が求められていた。[17]後年、「男女の交際は公務に関する場合を除き厳に遠慮すべし」という規程もつくられた。[18]

② 服装について

1872年に東京女学校が我が国最初の本格的女学校として開設されたが、その際に女生徒にどのような服装をとらせるかが問題となった。文部省は太政官正院に「羽織袴」の着用とすることを伺いでた。それは他の女塾や女学校にも取り入れられることとなる。そもそも袴とは近世の武家社会では女装から完全に締めだされていたものであった。[19]今の日本社会で男性がスカートを穿くようなものであった。[20]また、全国共通にみられたものでもなかった。[21]

1883年の東京女子師範学校附属高等女学校の生徒心得では「服装等は質素を旨とし、世間の習風に従ひ奇異浮華に流るべからず」というのみであり、特別な服装規定はなかった。ここでいう「世間の習風に従ひ」とは、文部省が、当時もともと男性向けの服装であった袴を女子生徒が着用を禁止することを通牒でだしていたことを受けている。[23]文部省が自ら願出た袴を禁止したことになった。

その後、洋装が一部広まることとなる。当時欧州で流行していたバッスルスタイル（腰部きつくしめ、臀部をすこし膨らませる）が取り入れられた。難波知子の研究によると、1886年から1890年にはおよそ半数の生徒が洋服を着用していた、当時の服装規定に特別な指示はなく洋装は家庭の判断によって行われていたと考えられる。[25]

一方で、華族女学校では1885年には「本校の生徒たるものは袴を着し靴を穿くべし」としていて一方「西洋服にても苦しからず」とあった。1887年には洋服の着用が義務付けられ、その服地・仕立等については「衣服の地合はせる・ふらんねる・麻・木綿の類に限るべし」「衣服仕立の形は当校に備え置ける雛

形四種の中にて其の年齢に適応するもの」[26]などとあった。

　しかし、洋装を採用した府県は決して多くはなく、多数は和装のままであった。圧倒的多数派が和装であるときに洋装は「異端視」されたこともあり、また当時洋装は輸入にたよらざるをえず高額な費用がかかったという事情があった[27]。

　1899年の高等女学校長協議会[28]で、「高等女学校生徒は綿服にして袴を着けしむるを可とす」[29]という決議が行われた。1900年代にはいると、服装は袴と指定する学校が増加していく。例えば、愛知県立高等女学校の生徒心得では「本校生徒は袴を着用すべし」「袴を長く着け若くは紐を高く胸下に結ぶ等は避くべし」とあった。当初は「袴」というだけであって、色の指定などはなく「絹物や華美な柄物」も見受けられた。やがて同校では「生徒服装標準一覧表」が作成されて毎月一回検査が行わるようになった。「着物、羽織は木綿で柄合の華美でないもの、袖丈は一尺七寸以下、袴は濃い海老茶色の木綿で、裾から鯨尺の二寸五分以上の毛べりをつける。上草履は赤城綿の鼻緒に一重裏皮付（運動場ばきは白緒）」などと詳細に定められ、リボン・指輪・肩掛などは一切禁止された。登校時には、通用門に物指を持って服装検査をする女教員の姿も見受けられ、検査は厳しく行われた。[30]

　ここに「毛べり」（毛のテープ）とあるが、他にも袴の色や徽章をつけることが、その学校の生徒であることを示す標章となっていった。難波知子は「生徒」を表す衣服に所属する「学校」を示す徽章がつけられた服装を学校制服と定義したいと述べるが、1900年ころから「制服」が決められているといえる学校が増加していくこととなった。[31]

　先に体操服の分野から洋装化が進み[32]、やがて通学服の洋装化がはじまる[33]。刑部芳則の全国調査によると、セーラー服の普及率は終戦前までに88.9％に達した。その理由としては、①生徒側が支持するデザイン性、②父母側への経済的負担の軽減、③学校側の「服育」という理由が挙げられている。生徒たちが仕立てることができ、作り手との上級生と受け取る新入生の間で絆が生まれるということもあった。[34]

　石川県七尾高等女学校の生徒心得の一部を見ておこう。[35]

　　第二十五条　服装は質素にして清潔端正なるを要す
　　第二十六条　服装並びに所持品は以下の制式に依るべし

冬服	総丈	身長の三分の一
	上着	（長さ）服総丈の二分の一より二糎を減ず （生地）所定の紺サージ（型）セーラー型 （衿、袖口、胸当）白線一本を付す、縁より内一・五糎ノケ所 （胸ポケット）付す（カウス）幅八糎、スナップ止め （校章の位置）乳頭より一握下りたる場所 （記名）前裾中央裏面三糎長さ六糎の白布に墨書まつり付く （ネクタイ）繻子地、金茶色の紐
	スカート	（生地）上衣と同じ（襞数）二十二乃至二十四 （着方）白キャラコウエストにて吊る、（右脇明）十五糎、スナップ四個 （ポケット）口明十三糎、幅十三糎、深さ十五糎（記名）前上中央、上位動揺
夏服	上衣	（生地）白ポプリン（型）冬服と同じ （胸当）なし（衿袖口）紺サージ、取り外し自由なるもの、白線一本を付す （ネクタイ）紺サージ、蝶型、スナップ止め（胸ポケット）付す
	スカート	冬服のものを兼用す
	下着	木綿又は毛糸編、白又は黒、他の色物を使用すべからず
	冬運動服	（生地）紺色毛糸（型）着物スリーブ型長袖 （編方）衿、袖口、裾、ゴム幅、其他ガーター編（記名）上衣同様
	夏運動服	（生地）白キャラコ（型）着物スリーブ型、半袖左肩スナップ止め
	ブルマーズ[36]	（生地）黒ギャバジン（襞数）十（両脇明）スナップ四個 （着方）スカートと同様ウエストにて吊る（バンド）共布にて幅三糎廻用紐を作り使用、紐通し三個 （記名）スカートと同様
	靴	広踵短靴、皮又はゴム、雨雪天の際は使用差支なし
	上靴	黒色　ズック製
	靴下	木綿又は瓦斯、黒色、長きもの
	防寒具	華美ならざる毛織マントを用ふ、オーヴァ襟巻の使用を禁ズ 記名場所は裏面上前衿付より二十糎下方
	洋傘	黒色木綿張
	頭髪	結紐は黒色ゴム紐

　自分たちでの作成が可能なように生地や形状を定めているといえる。上衣、スカート以外にも下着、靴、靴下、防寒具にまで詳細な指定がなされている。色の指定も多い。華美をさけることがいわれていることは変わらない。

　1906年の宮崎県高等女学校では、「袴は無地の木綿若くは毛織物たるべし」「衣服の縞柄、模様色合いは派手やかならざるものたるべし」「半襟の地質は木綿、麻、唐縮緬の類たるべし」[37]とある。色合いの派手なもの、高価なものを避けるという規則は一貫して多くに存在する。

時代をへて、1941年に国民服装統制化の一環として女生徒制服の規格が文部省により示された。[38] セーラー服に代ってヒットラー・ユーゲントの女子制服を真似たへちま襟にベルト付きのテーラード・スーツ式の上衣とボックスプリーツつきのスカートとが採用されたが、それは戦争の激化と素材難とにより充分な普及をみることなく終った。[39] 戦時下の全国同一の女学生標準服は「新制服」と呼ばれた。学校を見分ける唯一の手立ては、左胸の校章だけであった。それは、セーラー型でなくヘチマ型であった。衣料の不足もあって「お古がある人はそれでいい」「旧制服でもかまいません。また、それに準ずるものならばそれでよいです」といった対応がなされ、そもそも着用は自由であった。スカートがモンペにかわっていくこともあった。[40]

③ 頭髪について

生徒心得において、頭髪に関する規定は服装に比べれば少ない。しかし、なかったわけではない。女子生徒の服装は和装が主であった時代には、頭髪も「結髪」「日本髪」としていた生徒が多かった。やがて結髪をするのに時間がかかる、一度行うと一週間はつづけるために不衛生であり、夜寝るときに不便であることなどが自覚され、「束髪」というより簡便な結い方、洋式スタイルの頭髪が洋服のみならず和装にもあわせられるようになった。1886年には「婦人束髪会」が起こされた。[41] 一方で1880年代、1890年代の生徒心得などをみると、ほとんどの学校で頭髪に関する規則はなかった。自由となっていたと考えられる。

1899年の高等女学校長協議会では、「生徒結髪の様式は束髪若くは銀杏返しを可とする」という採決がされた。[42] それがすべての学校を拘束したわけではなかった。1900年の師範学校女子部（女子高等師範学校を含む）と高等女学校（私学と公立）の寄宿舎取締法調査のデータがある。寄宿舎での頭髪規則が通学生にも適用されていた可能性は高いといえる。そこでは、調査対象36校のうち、「銀杏返しのみ」が30.6％、「束髪のみ」が25.0％、「日本風のものとして別に規程せざるもの」が11.1％、和洋併用するものが13.9％、別に規程せざるものが19.4％であった。[43] 同調査では、束髪の場合「毎朝各自にて結ばしむるもの」が25.0％、「一週に二回又は三回のもの」が33.3％とあった。「髪飾」については質素なものに限定するところ、「粉粧」を禁じるところはあった。

1903年の宮崎県立高等女学校では「頭髪は銀杏髷若くは束髪たるべし」と

あった。さらに、「結髪の回数は銀杏髷は一週に二回以上束髪は毎日たるべし」[44]と規定されてもいた。

昭和期にはいると、「束髪」という用語も次第に使われなくなる。1931年の郡山高等女学校では「頭髪は常に梳（くしけず）り時々洗滌し清潔にして堅く結びリボン等無用の装飾をなさず又鉛白を用ひざること」、1933年の山口高等女学校では「頭髪は所定の結び方により装飾を避け勤めて清潔なるべきこと[45]」とあった。

1919年の時点で、「三年生までは御下髪（おさげ）、四年、五年は束髪」というところもあった[46]。1932年の柳井高等女学校では髪紐の色は「一年は赤、二年は青、三年は緑、四年は黒色」と決めていた[47]。頭髪や髪紐が学年を示すものとして利用されることもあった。

「櫛等は衣袴に準じ質素堅牢軽便を旨とし、リボン、櫛ピン、飾櫛、指輪等は一切用ひざるをよしとす」[48]など、髪につけるものに華美をさける規則は、一貫して多くの学校で存在し続けていた。

2　キリスト教系私立学校における生徒心得

それでは、私立学校はどうであったか。1872年の「学制」の実施にあたり、文部省が優先したのは小学校の設立と普及であった。実施まもない時期において中学校は90％が私立学校であった[49]。ここでは私立学校のうち数が多いキリスト教系の学校の生徒心得をとりあげる。発足直後のキリスト教主義の女子教育機関の生徒心得としては、1882年のフェリス学校規程（現在のフェリス女学院）をとりあげる[51]。

一、品行を第一として専心に業を受くべき事
一、教師を敬ひ総て進退礼譲を旨とする事
一、友誼を厚くし相助けて学意を通ずる事
一、猥りに席次を離れ或は高声を発し他人の妨げを為す可らざる事
一、勤惰簿を製し大試業の後其優劣表を併せて父母に報告すべき事
一、居室は清潔に掃除し書籍器具等錯乱せしむべからざる事、且又鬢髪（びん）を乱し容儀を失うまじき事
一、午前六時に起き午後十時に臥すべし、十時に至りて寝に就かざるものある可らざる事
一、就業及び喫飯は時間五分前に鈴報すべし、必ず後る可からざる事

一、校外に出づる時は必ず幹事の許可を得べき事
一、友人の来訪の節は必ず応接所に於て対面すべき事
一、父母の外見物の為め居室に入るを請うものは教員又は幹事の案内を受くべき事
一、病気或は余儀なき事故の外は学校定例の式に従ふべき事、但し病気の節は父母に報告し医薬を与えふべき事

　品行や容儀の強調が若干はあるが、特に女子教育特有の規定はほぼなく、キリスト教にかかわる内容もない。同校の1887年の生徒心得では「毎朝の礼拝祈祷には必ず出席す可し」と礼拝の規定がおかれる[52]が、それ以外にはキリスト教主義にかかわる規定はない。同校や当時の多くのキリスト教主義の学校では「聖書」を正式の科目としていた。

　生徒心得でなく「校則」など学校規則にキリスト教にかかわる教育目的にかかわる内容を含めている学校はある。例えば、1898年の梅花女学校の規則では「梅花女学校は基督教を以て基本とす」[53]、1901年の活水女学校の校則では「活水女学校は基督教主義に依り女子を教育し淑徳有為の婦人を養成するを以て目的とす」[54]とある。

　1890年に教育勅語が出され、翌1891年に内村鑑三不敬事件もあり、キリスト教主義の学校への風当たりが強くなることもあった。

　キリスト教主義を掲げる学校であるが、1891年の照暗女学校（のちの平安女学校）規則では、「貞淑有為なる婦女を養成するを以て目的とす……賢妻良母なる活徳活智に進ましむるとこを期するものなり」「生徒は常に温順を主とし学業を励み苟も学生たるの品位を失ふの挙動あるべからず」[55]、仙台女学校は1898年に「本校は貞淑婉順にして普通の知識技能を有し将来良妻賢母たるべき婦女子を養成するを以て目的とす」[56]と定めている。公立の高等女学校にあわせて「良妻賢母」「貞淑」を意識している規定をおいている学校もあった。

　1899年8月に私立学校令および文部省訓令第12号が発せられた。私立学校令案に「宗教教育禁止条項」があったが、作成過程で削除された後に訓令第12号として「法令の規定ある学校に於ては課程外たりとも宗教上の教育を施し又は宗教上の儀式を行ふことを許さざるへし」と定められた。[57]高等女学校令は1899年2月に公布されていたが、法令の規定ある学校すなわち、私立中学校・高等女学校では宗教教育及び儀式が禁止された。[58]当時、天皇の神格化とキリスト教主義の関係の問題が発生することとなった。

その後、私立の小学校・中学校・高等女学校として認可をうけていた学校、これから認可を受けようとする学校は、宗教教育を放棄するか、あるいは各種学校の地位に止まるかの選択をせまられることとなる。小学校の場合、各種学校にするという選択肢がなく私立桜井小学校（後述する「女子学院」の小学部にあたる）など廃校したところもある。当時中学校には徴兵猶予および上級学校進学にかかわる「特典」があった。この「特典」はのちには各種学校にも認められていくことにはなる[59][60]。

訓令12号の対象となる学校は「宗教的教育を施す意味の字句」、つまりキリスト教主義による教育の文言の削除が求められた。学則や寄付行為などに教育勅語の趣旨にもとづく教育を行うように明記することが求められた[61]。

男子学校の場合は、立教中学校など宗教教育を寄宿舎などに限定して中学校にとどまったところ[62]と、青山学院中学部など中学校であることを放棄して「各種学校」となる道を選んだ学校もあった。入学者の減少へとつながったところがあった。女学校の場合はそもそも、高等女学校として認可をうけていた学校が少なかったこと、上級学校進学の問題は少なく、徴兵猶予は関係がなかったこともあり、各種学校にとどまったところが多かった。

しかし、青山女学校の1903年の生徒心得をみると、「本院の生徒たるものは能く本院教育の趣旨を体認し左の条項を心得べし　一、教育勅語の要旨を奉体し人倫の道を実践すべし（以下略）」とあり、同校の学科課程表では修身の時間は「人倫道徳の要旨」が教えられることとされていた[63][64]。各種学校も含めて、教育勅語の影響が生徒心得にあらわれることとなる。

既にふれたフェリス学校の後身であるふゑりす和英女学校の私立学校令がでたあとの1899年学則では「本校の目的は智徳体三育を兼ねたる基督教的教育を施すにありて……聡明なる基督教的女子の品格を養成すること」とあったのが、1911年フエリス和英女学校規則では「本校の目的は……教育勅語に示し給へる聖旨を体し、真正の愛国心を鼓吹し、基督教の主義に基きて品性を陶冶し」となった。「教育勅語」の文字が加えられ、教育課程の面でも「聖書・修身」という教科がつくられた[65]。同校の1920年に行われた祝賀式典の演説では「二千年の歴史を有する基督教の精神と、同じく二千五百年の歴史を有する日本の国粋との合理的調和が、本校の精神であります」と述べられた[66]。

一方で同校は1930年に退学の規定を削除する学則の改正を行っている。その理由として「本校教育の主義を以て具に之れを見ればその主義に相副ふものな

りと言ふを得ず、如何となれば本校に於て一旦生徒に入学を許したるは即ち生徒本人の教育上の責任を負担したるものと云はざるべからず、然して『改悛』の見込みなき不良者」等の生じたるはこれその責任の一半は学校の負担せざるべからざる所にして退校を命ずるが如きはその責任を忌避するに外ならず」[67]と述べている。「本校教育の主義」とはキリスト教主義をさすものと読める。

　キリスト教主義と修身の両立に苦悩した学校は他にもある。平安女学院では「学院の宣伝」のためのパンフレットにて、「本院は基督教主義を以て修身の基礎となすものなり即ち己れの如く我同胞を愛する主義なり国に不忠の民あるも家に不孝の子あるも皆自愛に厚くして他愛に薄きより起る結果なり……『博愛衆に及ぼし』との勅語も他愛心を奨励し給うに外ならず」[68]と書き記している。

　教育勅語以外にも、「御真影」は徐々に私立学校に受け入れられたという同様の状況があったことを、駒込の研究は示している[69]。しかし、文部省などからの「圧力」はあったにせよ最後まで「奉戴」しなかった学校も存在した。

　生徒心得に関しても、女子学院のように「自治」という観点から「あなた方は聖書を持っています。だから自分で自分を治めなさい。」と校長が述べていた学校もあった。それゆえ校内に「生徒心得」はない、ただし学校にキリスト教主義があったわけである。また、同校では高等女学校として認可をうける[70]（1915年）前に、教育勅語をうけいれること、文部省視学官の査察があったときのために「暗唱」ができるようにしておく、といったこともなされていた。修身の教授が「手続き上のあくまで形式的なもの、言うなれば得策的な方便にしかすぎない」[71]と考えられていた学校も存在した。およそ多様な対応がとられうる余地が存在していたとはいえる。

注

1）　桜井役『女子教育史』増進堂、1943年、28-29頁。
2）　なお、女子生徒の服装の歴史に関しては直接引用したもののほか、西村絢子・福田須美子「高等女学校生徒の服装の変遷についての一考察」『日本の教育史学』(32)、1989年、51-69頁。
3）　水野真知子「女紅場の設立」『高等女学校の研究（上）』野間教育研究所、2009年、67-112頁。
4）　『泉陽高校百年』2001年、55頁。
5）　参照、神辺靖光『女学校の誕生』梓出版社、2019年、132-140頁。なお、華族女学校は宮内省に所管されていた。

6）『華族女学校年報　第一』1885年、21頁。
7）主な文献として、深谷昌志『良妻賢母主義の教育』、関口すみ子『御一新とジェンダー』東京大学出版会、2005年、渡辺浩『明治革命・性・文明』東京大学出版会、2022年、小山静子『良妻賢母という規範　新装改訂版』2022年。
8）「高等女学校の教育は其生徒をして……賢母良妻たらしむるの素養を為すに在り」と述べた。『教育時論』514号、1899年、23頁。
9）明治28年文部省令第1号
10）札幌北高等学校『六十年』1963年、72-73頁。
11）「婦徳」に触れるものとして、深谷昌志「日本女子教育史」梅根悟監修『世界教育史大系』講談社、1977年、201-330頁、水野、前掲書（上）、235頁以下、土田洋子『公立高等女学校によるジェンダー秩序と階層構造』ミネルヴァ書房、2014年、姜華『高等女学校における良妻賢母教育の成立と展開』東信堂、2022年、など参照。なお、本章で詳しくとりあげなかった「化粧」について、小出治都子「なぜ化粧することは校則で禁止されているのか？」『大阪樟蔭女子大学研究紀要』（14）、2024年、71-78頁。
12）山口県立下関南高等学校『六十年の歩み』1966年、50頁。
13）『山口県立山口中央高等学校百年史』1990年、230-231頁。
14）『山形西高等学校百年史』1999年、62-63頁。
15）兵庫県立第一神戸高等女学校『創立三十周年記念誌』1932年、122頁。
16）『日本近代教育百年史　第5巻　学校教育3』教育研究振興会、1974年、169頁。
17）『東京音楽学校一覧　自明治45年至大正2年』1911年、73-74頁。
18）『東京音楽学校一覧　昭和14至15年』1939年、23頁。
19）佐藤秀夫「学校における制服の成立史」『日本の教育史学』(19)、1976年、6頁以下。
20）横川公子「女性と袴（一）」『金襴短期大学研究誌』(23)、1992年、3頁。
21）前掲論文、8－9頁。
22）東京女子高等師範学校附属高等女学校『創立五十年』1932年、36頁。
23）佐藤秀夫、前掲論文、9頁。
24）安東由則「近代日本における身体の『政治学』のために」『教育社会学研究』(60)、1997年、99-116頁
25）難波知子『学校制服の文化史』創元社、2012年、19頁。
26）『女子学習院五十年史』1935年、223頁。
27）佐藤秀夫『日本の教育課題2　服装・頭髪と学校』日本法令出版、1996年、219頁。
28）1902年からは「全国高等女学校長会議」が文部省の諮問機関として位置づけられた。「婦徳の動揺」など生活指導面が議論されたこともあった。水野真知子『高等女学校の研究（下）』野間教育研究所、2009年、85-124頁。
29）『教育時論』508号、1899年、19頁。
30）『愛知県第一高等女学校史』1988年、40-42頁。
31）難波知子、前掲書、2012年、5－6頁。

32)　難波知子『近代日本学校制服図録』創元社、2016年、124頁。
33)　松井寿は、特に洋装が導入された当初は卒業後に和装にもどる女性が多かったことを指摘している。松井寿「洋装制服と洋装化」『東アジアにおける洋装化と洋裁文化の形成』武庫川女子大学関西文化研究センター、2008年、8-21頁。
34)　刑部芳則『セーラー服の誕生』法政大学出版局、2021年、302-303頁。
35)　『七尾高校百年史』1999年、816-817頁。なお、大阪府立高等女学校における規定について、井上晃『セーラー服の社会史』青弓社、2020年参照。
36)　ブルマーとは、ブルマー・コスチュームを広めたアメリカのブルマー（Bloomer, 1818-1894）の名前に由来する。アメリカの女子体操服として採用されたのが、1900年前後から日本にも井口あくりによってもたらされた。この頃「ブルマーズ」と呼ばれることがあった。参照、高橋一郎ほか『ブルマーの社会史』青弓社、2005年。
37)　『大宮高校百年史』1991年、244頁。
38)　通牒（1941年1月28日付け発普第31号）『文部省例規類纂　昭和16年』1941年、30-40頁。
39)　佐藤秀夫、前掲論文、21頁。
40)　水野、前掲書（下）、634-638頁。
41)　伊藤秀雄『髪の歴史』北宋社、1997年、68-69頁。
42)　『教育時論』508号、1899年、19頁。
43)　『女学雑誌』511号、1900年、11-12頁。なお、参照。『三輪田学園百年史』1988年、52頁。
44)　『宮崎県立高等女学校一覧（明治三十六年七月末調査）』1903年、70頁。（なお、原文に「新杏髻」とあるのは「銀杏髻」の誤植と思われるので、改めた）
45)　『山口県立山口中央高等学校百年史』1990年、282頁。
46)　『読売新聞』1919年11月5日。
47)　『創立七十五周年記念柳井高等学校史』1985年、458頁。
48)　『新潟県立相川高等女学校要覧（大正十一年）』1922年、59頁。
49)　小野雅章「戦前日本における私立学校の役割とその変遷」大田直子ほか編『学校をよりよく理解するための教育学6』学事出版、2008年、92-110頁。
50)　参照、キリスト教学校教育同盟百年史編纂委員会『キリスト教学校教育同盟百年史』キリスト教学校教育同盟、2010年、26頁（塩野和夫執筆）、小桧山ルイ「キリスト教に基づく近代日本の女子教育再考」キリスト教史学会編『近代日本のキリスト教と女子教育』教文館、2016年、11頁。なお、深谷昌志は「高等女学校令発布前」に「一応、中等学校と名づけうる女学校は、全国で一三六校、そのうち七一校がキリスト教関係の学校で、公立学校はわずか二三校」と述べる。深谷昌志『良妻賢母主義の教育』黎明書房、1966年、161-162頁。
51)　『フェリス女学院150年史資料集　第2集　近代女子教育新学制までの軌跡』2012年、13頁。

52）　前掲、31頁。
53）　『梅花女学校百十年史』1988年、120頁。
54）　『活水学院百年史』1980年、65-66頁。
55）　『平安女学院八十五年史』1960年、23頁。
56）　『仙台白百合学園歴史資料集　第一編』1996年、362頁。
57）　参照、大島宏「キリスト教主義学校に対する文部省の統制」樽松かほるほか『戦時下のキリスト教主義学校』教文館、2017年、13-37頁。
58）　詳しくは、久木幸男「訓令12号の思想と現実(1)」『横浜国立大学教育紀要』(13)、1973年、1-23頁、大島宏「キリスト教主義学校に対する文部省の統制」樽松かほるほか編『戦時下のキリスト教主義学校』教文館、2017年、13-37頁。
59）　久木幸男「訓令12号の思想と現実(2)」『横浜国立大学教育紀要』(14)、1974年、34-49頁。
60）　久木幸男「訓令12号の思想と現実(3)」『横浜国立大学教育紀要』(16)、1976年、69-90頁、86頁参照。
61）　参照、大島、前掲論文、16頁。
62）　『立教学院百二十五年史　資料編第1巻』1996年、207頁。
63）　『青山学院百五十年史』2019年、342頁。
64）　前掲、333頁。
65）　『フェリス女学院150年史資料集　第2集　近代女子教育新学制までの軌跡』2012年、66頁、100頁、107頁。
66）　山本秀煌編『フェリス和英女学校六十年史』1931年、189頁。
67）　前掲書、344-345頁。
68）　『平安女学院八十五年史』1960年、86-87頁。
69）　駒込武「『御真影奉戴』をめぐるキリスト教敬学校の動向」富阪キリスト教センター編『十五年戦争期の天皇制と基督教』新教出版社、2007年、569-601頁。なお、水野、前掲書（下）、658-665頁参照。
70）　『女子学院八十年史』1951年、128-129頁。
71）　前掲書、210-212頁、水野、前掲書（上）、266-267頁。

第2章　校則と主権者教育　歴史・戦後期

　ポツダム宣言の受諾後、日本社会および学校の民主化がすすめられる。戦前に定められた生徒心得の内容は、民主化とともにどのように変わっていったのであろうか。

1　戦後民主化期の生徒心得

　文部省による1946年5月の『新教育指針』の「第二分冊」では、「教育の実際において民主主義をいかに実現すべきか。」という項目が建てられている。そこで、「民主主義の根本となることがら……を思想として生徒に教えるとともに、生徒の生活の上で実行させること」が求められ、教育者にとって大切なこととして「日々の仕事の上に実際に民主主義を行ふことである」[1]が挙げられている。公民教育の方法としては、「実際生活を指導すること」「自治の訓練をすること」[2]が挙げられていて、早くも学校における民主主義、自治の実践の必要性が語られている。

　さらに、1946年3月には「第一次米国教育使節団報告書」では、「民主主義的道徳」が掲げられ、「将来公民となった時の準備段階として、自分たちの団体の役員を決定するのは選挙によるべきである。」[3]と述べる。そういった「民主化」の方針がたてられたことをうけて、生徒心得や校訓が改められることとなった。「学校民主化体制報告」が求められたところもあった[4]。1947年に佐倉高等女学校では「生徒心得」を新たに作成している。そこにある、「人格の完成をはかる」という文言は明らかに教育基本法第1条を意識していると思われる。他にも、「修学に勉めることは学生たるものの本分である正しき推理と批判を以て不断に真理を探究して、国民生活の向上を図り、世界の進運に寄与し得る教養高き新日本の女性となるよう力める。」にはじまり、「進んで疑いを質し、所信を述べ、自発的な活発な学習態度の確立に力める。」など従前にはなかったであろう文言が見られる。一方で飲食店に監督者の同伴なしに出入りを

禁じる、家族以外の青年学生との交際を禁じるなど、従前とかわらぬ規定も存在する[5]。

　この時期の生徒自治への動きを見てみる。京都第一中学は1947年に「生徒自治会」を発足させた。自治会会則では「生徒の学校生活、校友会の発展をはかり個個の学識人格を向上させ、あわせて生徒相互間の親和をはかる」ことをも目的として、事業の一つとしては「生徒の風紀秩序の維持」が挙げられている。自治委員会は「生徒心得試案」を作成し、そのなかで「飲食店、ピンポン、スケート場の出入りは禁止」とされたが、それは「生徒申し合わせ事項」にそのまま結実した。服装については自治委員会で校長の案が発表されたが、「現在のカーキ色は一中の制服ではなく戦時中の仮服である。終戦の今日はもちろん戦前に帰るべき」との意見がだされた。「生徒申し合わせ事項」では「服装は常に一中生としての品格を保つに適しいものであること。登校する時はなるべく靴をはくものとする」とするにとどめられた[6]。風紀の「取締」といったことも含めて自治的な機能があったといえる

　1948年5月に設立された三重県上野北高校では、同年11月に「学校生徒自治会」によって「生徒心得」が作成された[7]。その内容は、「A 服装、B 教室、C 通学、D 風紀」にまとめられ、Aでは「一、会員は常に服装を正しく質素清潔を旨とし学生の品位を保つこと　一、通学の際男子は本校徽章を付したる帽子を着用し女子は胸章を付ける事」、Bでは「一、教室内では静粛を旨とし専心学習の事　一、授業中はみだりに座席をはなれ又言語を発してはならぬ」、Cでは「会員は保護者の自宅から通学するを原則とする。親戚知人の宅に止宿して通学しようとする者は学校長に届け出ること」、Dでは「会員は教師に対して敬意を表して礼を失わないこと」などとある。「生徒は」ではなく「会員は」と書かれているところ、また心得の末尾に「右決議事項に違反したる場合は自治会賞罰委員の規約により之を処理する」とあるところに、生徒自治会会員の総意であることが示す意気込みが見える。

　1949年には、当時発足したばかりの福岡中央高校では占領軍の人が来て、「『べからず主義』の規則では具合悪い。」という「指導」があった[8]。その経緯をうけて、『申し合わせ事項』が制定された。その時代には、教師が一方的に決めたのでは「押しつけ」であるという生徒からの反論があった。「生徒会申し合わせ事項」の内容は、「われわれ生徒会員は、本校生徒の自覚をもち、その上にたって行動しよう」「服装、頭髪は清潔、端正を旨として、華美に走っ

たり粗野にならないようにしよう。なお、登下校および学校行事への参加は特別に学校の許可のない限り制服を着用しよう」というものであった。当時の他校のものと大きな差異はなかったとはいえる。

戦後初期の生徒自治会では、例をあげると、1949年には「熊本県立玉名高等学校自治会憲法」においては「本会の権限はすべて学校長によって委任されたものであってその決議事項は学校長の承認を要する」とするものの、ホームルーム委員（各ルームごとに2名で男女各1名）や生徒会長、副会長（生徒から直接選挙）からなる生徒議会を「常置の最高決議機関」としていた。福岡県豊津高校では1948年に「自治会法規」が作成され、「自治委員会と学校当局との意見が対立せる場合は両者代表の評議会にかけ、尚一致を見ざる時は学校長の採決を仰ぐ」とあった。生徒に決定権はないものの、民主的な意思決定に参加させる機会があったといえる。

この時期には「学級自治会」がつくられたこともある。1948年に新制の男女共学高校としてスタートしたばかりの時期において、「①服装は、男子は学生服、女子はセーラー服とする。②頭髪は、男子は坊主、女子はパーマ厳禁。③男女交際は、表で堂々と行うこと。間違いは、学生裁判によって処断する。」と議決したところもある。

2　生徒自治会から生徒会へ

1949年2月の文部省による『新しい中学校の手引』では、「生徒自治会」でなく「生徒会」の文言が使用されている。この頃から文部省による出版物の論調に変化がみられるはじめることとなる、同書では、「生徒の自治とは、学校活動への参加ということである。」と述べたうえで、「市民としての教育」の章で、学校の活動は「民主的でなくてはならない。そのためには、学校は、生徒の活動に関する生徒との協議会をいろいろ持つことが必要である。……いろいろな協議会の中には、校則や、学級のきまりや、学級文庫・学校図書館の規則を推薦するための協議会……」とは書かれている。生徒参加を含む協議会による校則の改廃の必要性を述べている。ここで「校則」という用語が使われているが、文字通り学校の規則であり具体的には生徒会会則などを指すと解釈できる。実際に多くの学校で「会則」「規約」などを策定することが生徒会によって行われたことは記録に残っている。

1949年4月『新制中学校新制高等学校　望ましい運営の指針』では、「学校は、生徒を民主主義的生活に参加するように教育しているかどうか。」を問題にしている。そのうえで、「生徒は学校の事柄に生徒が参与する限界を理解しているかどうか」という項目もたてており、「自分たちで学校管理を掌握し、校長や教師を任免したり、その他この種のことを行う権利があると生徒の持っている学校が今まであった。」「特別課程活動」において、「生徒が参与する制度は、生徒が自治を行う『権利をもつ』という権利観念に基づくものではない。……ただし生徒はよい教育をうける権利をもっており、よい教育は学校の事柄に参加させることを含むものである。」「生徒の『自治権』は全然問題するにあたらない」と述べる。すなわち教育を受ける権利はあっても、自治権は認められないと解釈されていたといえる。

1949年7月文部省初等中等教育局編『中学校・高等学校の生徒指導』においても、「生徒参加の組織は、生徒が自治すべき『権利を持つ』という概念を基礎として建てられるべきではない」と述べる一方で、「生徒はよい教育をうける『権利』がある。そしてよい教育とは生徒の学校の問題に参加させることを含んでいる。」とある。また、かつての校友会において「校友会の規則を職員が作ることが多い」ことは「好ましからざる点」として批判されていた。「生徒が自分たちの組織をもつのであれば、確かに彼らがその規則をつくるべきである。」と述べているが、学校全体に及ぶ「生徒心得」はそのような規則の一つであると認識されていなかったと考えられる。

文部省関係の著作物のうえで、「自治」「自治権」は消えるようになった。ただし「参加」の文言は残りつづけていった。

教育課程関係の文書を見てみよう。1947年の最初の学習指導要領では教科以外に自由研究の時間があったが、1949年に「『新制中学校の教科と時間数』の改正について」という通達がだされ、「特別教育活動」に改められた。「特別教育活動の領域は、広範囲にわたっているが、ホームルーム、生徒会、クラブ活動、生徒集会はその主要なものということができる。」と述べて、「特別教育活動は、生徒たち自身の手で計画され、組織され、実行され、かつ評価されねばならない。もちろん、教師の指導も大いに必要ではあるが、それはいつも最小限度にとどめるべきである。このような種類の活動によって、生徒はみずから民主的生活の方法を学ぶことができ、公民としての資質を高めることができるのである。」と言う。それでは、生徒会によってどのように「公民としての資

質」を高めようとしたのであろうか。

　「生徒会は、一般的にいうと学校長から、学校をよくする事がらのうちで生徒に任せ与えられた責任および権利の範囲内において、生徒のできる種々の事がらを処理する機関である。生徒会が活動するためには、生徒代表から組織されている生徒評議会や……いくつかの委員会が必要である。……生徒評議会やこれらの委員会は、いろいろな規則をつくったり、これを実行する仕事を受け持つ」[22]と述べる。生徒評議会、委員会に関する規則は生徒によってつくられたものの、学校全体にかかわる生徒心得に生徒が意見するということは、ほとんど行われなかったといってよい。「生徒の意見は、校長および教師たちの承認を得てはじめて有力となる」[23]とあり、生徒会だけでは特に何をする権限もないことが明記されているといえる。

　「民主主義」が強調され、全国に新制中学校および新制高校が設置されたこの時期において、生徒心得をめぐって生徒の意見を含めて議論がなされた形跡はほぼない。「そもそも、校則や生徒心得が生徒指導上に重要視されるものとは位置付けられていなかったという事情がある。そもそもこの時代の「生徒心得」は分量的にも大きなものではなく、またやはり「心得」は教師がつくるものという観念があった。それには、「先生から生徒……上から下に申し渡される『力関係』が暗黙の前提」[24]になっていたといえる。

　また、生徒と一緒にルールをつくっていても学級内のルールなどにとどまり、成文化されるまでに至らなかったこともありうる。

　例外的なケースとしては、教職員と生徒が共同で審議を重ねて会を含めて「ライフ・ルール」を制定した、山形市立第五中学の例をみてみよう[25]。同ルールは創立2年度目にあたる1952年8月30日に生徒総会で以下のルールを決定している。「新しい皮袋には新しい酒を」と新制中学校において、民主主義の世の中に適合した内容を決めているといえる。

◇ライフ・ルール
　私達は五中モデル・スクールの生徒として、明るい民主的な人となるために、心の豊かな、しかも人に迷惑をかけない、仲のよい生活をしなければなりません。私達の一つ一つの行動が、私達みんなの行動であり生活であるのです。そんなふうに考えますと私達の一つ一つの行動には責任を持たなければならないのです。そこで私達は、この学校、この校舎において一層よい生活を築きあげ、立派な五中の生徒となるために、私達生徒

会でつくりあげたこのルールを十分に生かし、心の豊かな生活のできる人になるために努力することを誓いましょう。

(1) 生徒生活目標
○私達は五中の生徒としてよい市民となるために、次の目標を実行しましょう。
(1) 私達は、正しい事をあくまでやりぬき、勉学と勤労を愛する人になりましょう。
(2) 私達はむやみに他人にまかせることなしに、自分から進んで考え実行する人になりましょう。
(3) 私達はみんなできめたことに従い、団体生活には進んで参加し協力する人になりましょう。
(4) 私達は清潔整頓を重んじるとともに、心の明るい豊かな人になりましょう。
(5) 私達はいつも時間を有効に使い、心身共に健康な人になりましょう。
(6) 私達は常に礼儀正しくするとともに、言葉を正しく使う人になりましょう。
(7) 私達は自分を尊重するとともに、他人をも尊重する人になりましょう。

(2) 生徒生活設計
(1) 登校下校において
　1 準備をととのえて登校しましょう。
　2 道路をいっぱいにならず、右側をさっさと歩き十字路に注意しましょう。
　3 遅刻はしないようにしましょう。
　4 窓の開閉に気をつけましょう。
　5 きめられた時間以外の居残りはやめましょう。
　6 買い食いをしないようにしましょう。
　7 はきものは、きめられた場所にきちんといれましょう
(2) 廊下において　（以下、下位項目は略す）
(3) ホーム・ルームにおいて
(4) ロッカールームにおいて
(5) 授業において
(6) 職員室および教材室において
(7) 競技において
(8) 保健室において
(9) 図書室において
(10) 集会において
(11) 校庭において
(12) クラブ活動において
(13) 礼儀作法において
(14) 作業において

⒂　校舎設備の愛護について
⒃　便所において
⒄　校外生活において
⒅　その他

　「ルール」というよりは、「心がまえ」というべき「微に入り細にわたる」[26]規定がつくられていた学校があったとはいえる。生徒の意見を大幅に取り入れたのであろうかと、学校関係者に評されている。ただし、服装については「服装は清潔に、中学生らしくしましょう。白線えり章・学年章・帽章・胸章を正しい位置につけましょう」とあるのみ、髪型については一切の規定はなく、後の時代に問題となることは記述されていない。例えば「時間を有効に使う」という「生活目標」としての心がまえをすることは問題がないと思われるが、「時間を無駄にすると処罰される」かのような規則と受け止められると、それは問題である。ここにも「心得」と規則の混同があったといえる。
　次に、1954年の時点での滋賀県立長浜北高校の生徒心得を例として挙げておく。[27]

第１章　総則
第１条　生徒はすべて高等学校生徒としての自覚のもとに良識ある社会人たるための資質の向上に努めなければならない
第２条　生徒は常に自発的精神をもって学業につとめる
第３条　生徒はすべて礼儀を重んじ他人の人格を尊重するとともに生徒としての品位を失ってはならない
第４条　学校のすべての行事、集会に進んで参加協力し委ねられた役職及び勤務は自覚と責任とをもって遂行する
第５条　生徒は常に堅実な思想を養い風紀の維持発展に努める
第６条　男女間の交際は共学の精神に則り公明かつ健全でなければならない
　第２章　礼儀
第７条　生徒は先生に常に親しみをもって接し礼儀を失わないようにする
第８条　生徒は相互に友情をもって接し私的制裁をしてはならない
第９条　来賓に対しては礼儀を失わないよう心掛ける
第10条　儀式、講演等集会の際には礼を重んじ静粛にする
第11条　室内に於ては脱帽する
第12条　校旗校章は大切に取扱う

第3章　校内生活

第13条　登校下校の差異は所定の場所から出入する

第14条　授業中教室に出入する場合は先生の許可を受ける

第15条　始業より放課まで許可なくして校外に出てはならない

第16条　放課後は定められた時刻までに下校し許可なくしては居残らない

第17条　やむを得ない理由で欠席する場合は欠席届を提出し遅刻欠課早退の際にはホームルームの先生に口頭で届け出る

第18条　校舎内に於てはつとめて静粛にする

第19条　校内の禁ぜられた場所には立ち入ってはならない

第20条　昼食は所定の時間に所定の場所でする

第21条　常に校内の整頓美化につとめいやしくも落書きなどをしてはならない

第22条　校舎、校具、樹木等の公共物を愛護しもし過って毀損したときは直ちに所管の先生に届出る

第23条　休日又は休暇中登校した際は日直の先生に届け出る

第24条　すべて校具を使用する際には所管の先生の許可を要する

第25条　校内に於ける放送は所管の先生の許可を受けなければならない

第26条　すべて掲示、展覧、出版、集会及び金銭の徴収については学校の許可を得なければならない

第27条　校内に於て他の団体又は個人と競技その他の活動を行う場合には学校の許可を要する

第28条　校内に於ては許可なくして火気を使用してはならない

第29条　自転車は所定の場所に預け入れ鍵をかけておく

第4章　校外生活

第30条　校外生活に於ては社会道徳をわきまえ生徒としての本分を自覚して諸活動に当る

第31条　第26第27条の規定は校外生活に於ても適用する

第32条　下の諸項は行ってはならない
　イ、飲酒、喫煙すること
　ロ、みだりに飲食店、娯楽場に出入すること
　ハ、風紀に害ある書籍、雑誌等を閲覧すること
　ニ、このましくない映画、演劇等を観覧すること
　ホ、みだりに夜間外出、外泊すること

第33条　通学の際には交通道徳を守り各自危険防止に心掛ける。なお汽車、バス等の車中に於ては老幼に席を譲るようにする

第34条　他家に止宿して通学する場合は学校の許可を要する

第35条　学校又はその附近に非常の自体が起ったときは直ちに登校しそれぞれ係の先生の指示に従って行動するなおこの際の連絡は迅速確定に行う

第36条　家族又は自己の居所附近に伝染病が発生したときは直ちに学校に連絡する
　　第5章　服装及び所持品
　第37条　通学の際は別にさだめる服を着用し男子生徒は学生帽に校章をつけ女子生徒は上衣に胸章をつける
　第38条　校舎内に於ては上靴を使用し下靴と区別する
　第39条　すべて所持品に記名し各自の責任でその保管にあたる
　第40条　校内において物品を紛失或いは拾得したときは直ちに先生に届け出る
　第41条　みだりに金銭物品を貸借してはならない
　　第6章　考査
　第42条　考査の際には所定の時間を十分活用して実力の発揮に努めいやしくも不正の行為があってはならない
　第43条　考査に不必要な物品は開始前に所定の場所に置く
　第44条　考査中は生徒相互間に於て物品の貸借又は談話をしてはならない
　第45条　考査開始后30分（所定の時間の約半分）以内に退場することはできない　なお考査中に退出しようとするときは先生の指示された場所に答案を提出し退出后考査場附近に立寄らない
　第46条　考査期間中は職員室に入ってはならない

　文字通りの「生徒心得」であり、「自発的精神」「礼儀」「品位」「参加協力」「責任」「社会道徳をわきまえ」など「心得」を示す内容が多い。服装に関する規定は制服および学生帽、校（胸）章のみであり、細かな規定は存在しない。[28] 生徒心得にもとづく生徒指導という観念は無きに近かったであろう。加えて「出入りの場所」「欠席や遅刻早退のときの手続き」など学校生活にかかわって必要な規則を簡素に示している。校外生活に関する規則として「このましくない映画、演劇等」が禁止されているなどというのは、戦前からの連続性があるとはいえる。
　なお、1958年学習指導要領改訂以降には、「経験主義的」な教育内容にかわって、「系統主義的」に切り替えられることとなる。それによりさらに、民主主義を体験を通して学ぶという観念はさらに脆弱になったといわざるを得ない。
　一方で、1959年にすでに「政治は……自分たち国民がするものという意識を育てる」「主権在民意識」など、「主権者教育」は意識されていた記録がある。[29] その後、教育法学者の永井憲一は「主権者教育権」を提唱した。「教育権（教育を受ける権利）も、……"平和と民主主義"を正しく表現するための内容……

をもつ教育……をうける権利ということができる。[30)]」と述べた。国民は将来の主権者になるにふさわしい教育内容を要求ができる権利を有する、という前提にたつ。永井がいう教育要求権のなかには、のちに「校則の改定」をも含むようになった。[31)]

3　高校紛争と生徒心得

　1965年には文部省『生徒指導の手びき[32)]』が刊行され、高校の役割に生徒指導が含まれることが公式に言われるようになった。しかし同書に「校則」「生徒心得」の言及はない。

　しかし、1960年代半からの「高校紛争」の時期には、生徒心得をめぐっても「紛争」となった。ある高校生は「なぜ守らなければいけないかということに、とかく疑問を持ちたくなるものではないだろうか。……規制の事柄を黙って受け入れているだけでは、人間個人の成長はもちろん、社会の発展も見られない[33)]」と学校内で発行される新聞に記している。この時期にもっとも問題になったのは「制帽」「制服」および「男子長髪」であった。すなわち、制帽の着用義務をなくす、服装・頭髪の自由化が求められた。例えば、緑ヶ丘高校では「帽子　イ、男子　黒色の普通型学生帽とし、本校の帽章をつける。ロ、女子夏季、帽子を着用したい者は、学校所定の白色帽とする」と定められていたのが1969年には、「ア、男子　着脱を自由とする。ただし、着帽の時は黒色の普通型学生帽とし、本校の帽章をつける。（女子については削除）」と改められた。[34)]また、ここでいう長髪とは、丸刈り以外をすべて「長髪」と呼んでいる場合がある。[35)]学校によっては終戦直後から問題視され続けていたことであるが、この時期に多くの学校で問題として表出した。[36)]紛争時にある生徒が「生徒一人一人を規格化する規則に反対する。学校当局の説明に論理的根拠がなく、不当な権力による押しつけには断固戦う[37)]」という表明がされたこともあった。

　なかにはそれだけでなく、高校生から生徒心得の撤廃や、掲示・集会の許可制反対、政治活動の範囲、生徒自治の要求、職員会議の公開などが要求されたこともあった。[38)]東京都上野高校では生徒心得の廃止、自主ゼミの条件付き単位認定などが認められるに至った。広島県呉三津田高校では1969年2月に生徒会執行部により「対学校二十一カ条の要求」(のちに、追加三項目追加)がだされた。[39)]そのなかには、「職員会議の生徒代表による傍聴」「食堂の拡張」「革靴の許可」

「学生帽の廃止」「学生服の廃止」「生徒による掃除の廃止」などが含まれていた。同校ではその後、5年間をかけて「長髪の解禁」「制帽着用の自由」「通学用革靴の銃」「下校後の私服外出の禁止解除」「喫茶店（店を選んで）への出入許可」などの規則が改められた。[40]

東京都立立川高校では、「生徒心得」のなかに、「思想の研究は、自由であるが、政治活動は認められない。」とあるのに、生徒側から「『政治活動』とは、具体的にどのようなものとして職員会議は考えていらっしゃるのでしょうか。また、その『政治活動』を判断する者は誰なのでしょうか。そして、その基準となるものは、なんなのでしょうか。」という公開質問状が1969年10月に出された。学校側は「この項は学校が特定の政党その他の政治団体などの宣伝や勢力拡大に利用され政治的抗争の場となることがないようにとの趣旨で設けられたものである。したがって政治活動とは直接特定の政党その他の政治団体と結びついた政治的行為（例えば特定政党その他の政治的団体のビラ配布など）を行うことを指している。これに関して具体的に問題となることがあった場合には職員会議で協議し判断することになるが、この項が設けられた当時（昭和二四年）を除いては現在まで職員会議で問題となったことはない。」と回答している。その後も同校では、生徒の一部からは、生徒心得の撤廃が、また別の生徒からは再検討が要求されるなどした。生徒心得の位置づけがあいまいであること（例えば、教師側は「指導手引書」、生徒側は「努力目標、拘束されるべきではない」）など、クラス討論で議題となったことがあった。[41]

この時期において、東京都立竹早高校のように「生徒権宣言」をだして、例えば「行事に関しては、自主的に企画し運営する権利を有する。」「我々は一切の思想及び表現の自由、即ち出版、掲示の自由を保障される。」と述べたところもある。[42] 生徒の「表現の自由」について（校外の集会、デモへの参加、校内の集会、ビラ貼り、放送など）を職員会議で確認したような高校もあった。[43]しかし、「権利主張」あるいは、憲法が保障する権利ともむすびつけての主張が行われることは稀であったといわざるをえなかった。

竹早高校の生徒権宣言は、学校運営に関して「年間行事計画、カリキュラム（学習計画）、学級編成等に際しては我々の意見を反映させることができる」が書かれていた。[44] それ以外の高校でも「評価方法、テスト」、「高校の予備校化」「卒業式のあり方」などを問題として、高校教育のあり方自体に高校生からの要求がつきつけられることがあった。[45]

文部省は1969年10月31日に「高等学校における政治的教養と政治的活動について」通知をだし、高校生の政治的活動を「望ましくない」[46]とした。確かに、「高校紛争」の時期にバリケード封鎖やストライキも生じて、高校の授業が正常に行われなくなった、多くの混乱が発生したということはある。しかし、特定の政党の支持や反対といった含意を超えて、学校現場では、政治的な匂いのするものは抑え込むという対応となり[47]、社会問題への関心の低下を招くこととなった。同通達は18歳選挙権が導入された2015年になって新たな通知がだされたとともに廃止された。

4　校則と「管理教育」、校則の「見直し」

1970年代後半から、対教師暴力の発生が増加し、生徒管理の手段として「校則」が用いられるようになる。「生徒心得」よりは「校則」という言葉が使われることが多くなりはじめる。当時の指導をあらわす記録の例としては、以下の例をあげることができる[48]。

- 1977年度末に「パーマ等（カール、アイパー、ドライヤーによる型づけ）は禁止する」提案が職員会議を通過した。
- 1978年度に「スカートは膝下五〜七センチが標準」というルールを定めた。
- 1979年度から「天然パーマの申告制」を導入した。
- 1980年度に、「目下天然パーマと称している生徒」の数を調査した。「自称」と「天然」とを正確に区別するため、当該生徒の家庭と連絡をとって事実を確認した。
- 1981年度に「標準学生服と変形学生服」の図を示し、……指導の徹底を要請した。

他にも、「ボタンは濃紺がかった黒」「スカートの長さは、ひざ下（ひざ小僧下のくぼみから測る）七センチよりも長くならないこと（ただし、含みとして身長165センチ以上の場合は、10センチまで認める）」[49]など、注意すべき項目が極めて多くなっていた。当時の学校の「荒れ」に対して「秩序維持」「いうことを聞かせる」ことが第一の目的になったという可能性がある。秩序を維持するためであれば、校則の内容が「理不尽であったほうがよい」とさえいえるとも考えられる[50]。

そのような実態をうけて、ある中学で1980年・81年度に行われた指導の例としては、以下のようになる。[51]

- ・服装、髪型などは週一回学年全体で学年評議会、学務委員が中心となって点検カードに記入して、点検がないよう指導している。
- ・服装、髪型等の指導では初発指導が大切であると考える。最初の段階であいまいであったり、甘さがあったり、例外を認めるとそれを正すのに時間をかけなければならない。きまりをきめたら守る、違反者があったら例外を認めないで徹底指導が必要である。
   例　夏の男子のベルトは黒、紺以外は認めないと衣がえ一週間前から指導した。

こうして「細かすぎる校則」がつくられていたが、当初はそれなりに合理性があると考えられて作成されたと考えられる。この時期は服装を「センチ単位」で指導することが行われていた。「スカートは膝下五～七センチが標準」というのは当時「長すぎるスカート」を着用した女子生徒がいたゆえの規定と考えられる。「長すぎるスカートは禁止」というと「長すぎるとは何ですか？」と生徒から問い返されるので、明文化した数字まで含んだ規則がなければ指導が不可能になってきた、ということも考えられる。「教師の権威の低下」のあらわれともいえる。身長150センチの生徒と身長170センチの生徒に同じ基準をあてはめるのか、また教師にとって点検するのが大変になるなどの問題が発生し、センチ単位の基準はやがて廃されていく。

その後、このような校則の動向を疑問視する声もではじめる。男子生徒に「丸刈り」を強要する校則に関しては、1981年の熊本県ではじまった訴訟を嚆矢として提起されるに至った（本書、6章参照）。日本弁護士連合会も、1985年にシンポジウムを開催すると同時に、校則が憲法13条から導かれるプライバシーの権利などを侵害する危険性が極めて高いなどと、厳しく批判するようになった。

1988年の卒業アルバム事件（校則違反の髪型の生徒を卒業アルバムに掲載しなかった）を契機に、文部省は「校則の見直し」を指示するようになる。「細かすぎる」「厳しすぎる」校則が問題視されるようになった。この時期を第一期の「校則の見直し」と呼ぶことができる。校則の内容に、①絶対に守るべきもの、②努力目標にすべきもの、③自主的判断にまかせてよいもの、の混在している

ことが指摘された。

　しかしその後、①②③をわけて示すようになった校則はほぼないといってよい。例えば「標準服を着用しましょう」は義務なのか努力目標なのか自主的判断にまかせるものなのか、校則の一つ一つがいったいどのような性質をもつのか。学校にとっても曖昧なままが続いており、はっきり分けて明文化することは不可能であったという事情からかと考えられる。それは、校則が「心得」から出発しているからという歴史的事情もあるといえる。

　果たしてこの時期に「見直し」はすすんだのか。大津は調査を行い（2019年時点での大学生）、加治佐の調査（1989年時点での大学生）と比較している。校則の見直しの前後の比較である。校則に取り上げられていた内容を尋ねると例えば、「靴・ストッキング」「靴下」「ヘアピン」「外出時間」「外出時の服装」「遅刻」「掃除」などと答える割合は2019年には大きく下がっている（「頭髪・髪型」についてはさほど変わっていない）。校則に「納得していた」と回答する割合は増加している。「校則検査の度合い」は明らかに下がっている。検査される内容についても全体として下がっている。校則を守る理由を「守らないと罰をうけるから」とこたえる比率は53.4％から22.5％へと大きく低下している。内容に納得はしていないが規則だから仕方なく守ると感じる生徒が減少していることが見て取れるが、もちろん皆無になったわけではない。また、校則改定の際に「生徒の意見を聞く」ことがあったという回答は依然低いままにとどまっている、などの課題も残っている。「校則の見直し」にある程度の効果は存在しているものの、問題はまだ多く残っているとみるべきであろう。

　なお、1994年には「子どもの権利条約」が批准され公布された。同年５月20日付けの文部省通知では「学校教育及び社会教育を通じ、広く国民の基本的人権尊重の精神が高められるようにするとともに、本条約の趣旨にかんがみ、児童が人格を持った一人の人間として尊重されなければならないことについて広く国民の理解が深められるよう、一層の努力が必要であること。」と述べたうえでではあるが、「校則は、児童生徒等が健全な学校生活を営みよりよく成長発達していくための一定のきまりであり、これは学校の責任と判断において決定されるべきものであること。なお、校則は、日々の教育指導に関わるものであり、児童生徒等の実態、保護者の考え方、地域の実情等を踏まえ、より適切なものとなるよう引き続き配慮すること。本条約第12条１の意見を表明する権利については、表明された児童の意見がその年齢や成熟の度合いによって相応

に考慮されるべきという理念を一般的に定めたものであり、必ず反映されるということまでをも求めているものではないこと。」と述べている。意見表明権（12条）の行使について消極的な姿勢を示したものであるといえる。一方で、同条約第28条２項は「締約国は、学校の規律が児童の人間の尊厳に適合する方法で及びこの条約に従って運用されることを確保するためのすべての適当な措置をとる」（傍点引用者）と定めているが、「学校の規律が児童の人間の尊厳」を侵害していないかどうか、点検をうながす対応もできたと考えられる。

この時期において、生徒を含めて校則を改訂しようという動きも一部には存在した。教育実践に近い位置から校則の見直しに関する本も出版されていた。[52]

5　近年の校則問題

1998年の中央教育審議会答申「今後の地方教育行政の在り方について」を受けて2000年代には「開かれた学校づくり」がいわれるようになった。2007年６月に学校教育法、同年10月に学校教育法施行規則の改正により、自己評価・学校関係者評価の実施・公表、評価結果の設置者への報告に関する規定が新たに設けられた。学校評価の実施のために情報公開がいわれるようになり、2008年「学校評価ガイドライン」では、公開すべき情報の例として「校則」が挙げられている。しかし、この影響で校則を公開するようになった学校が増加したというデータはない。

2010年に出された文部科学省『生徒指導提要』[53]では、「生徒指導に関する法制度等」のなかに「校則」の節をたてて２ページを割いている。[54]「校則の見直し」について、「見直し」の方法例として、「児童会・生徒会、学級会などの場を通じて主体的に考えさせる機会を設ける」「PTAにアンケートする」などをあげている。次いで「校則の見直しは……児童生徒の主体性を培う機会にもなります」と教育的効果が存在することも述べている。1990年代に比して、「生徒の参加」に関する強調点トーンを高めているといえる。しかし、これも教育現場に大きな影響を与えていたとはいえない。

2015年には公職選挙法の改正により「18歳選挙権」の時代となった。これを機に特に高校で「主権者教育」に注目する声が大きくなった。

総務省・文部科学省が『私たちが拓く日本の未来　有権者として求められる力を身に付けるために』という教材が作成された。選挙制度に関する説明が多

くを占めている。「本書を通して、在るべき自分の姿を探求し、社会参画につなげていってください。」とはいう。学校も一つの社会であるから、生徒にとって一番身近な学校への参画について主権者教育とむすびつけることはありうるかと思われる。

　2017年11月に「生まれつき茶色い髪なのに、学校側が何度も黒染めを強要したのは違法だ」という高校生が訴訟を起こすに至ったことが報道された。(第6章参照)。それを期に次第に「校則の見直し」が求められる声が大きくなっていた。県・市の教育委員会が「校則の見直し」にとりくむことを表明しはじめた。例えば、熊本市は2021年3月にガイドラインをだしているが、「① 生まれ持った性質に対して許可が必要な規定」「② 男女の区別により、性の多様性を尊重できていない規定」「③ 健康上の問題を生じさせる恐れのある規定」「④ 合理的な理由を説明できない規定や、人によって恣意的に解釈されるようなあいまいな規定」を見直すように求めた（本書第4章参照）。これは他の自治体にも影響を与えている。

　その後、2021年6月8日付けで文部科学省は「校則の見直し等に関する取組事例について」という事務連絡をだしている。そこで、「校則は、学校が教育目的を達成するために必要かつ合理的な範囲内において定められるもの」「校則を自分のものとしてとらえ、自主的に守るように指導を行っていくことが重要」「校則の指導が真に効果を上げるためには、その内容や必要性について児童生徒・保護者との間に共通理解を持つようにすることが重要です。」「校則の内容は、児童生徒の実情、保護者の考え方、地域の状況、社会の常識、時代の進展などを踏まえたものになっているか、絶えず積極的に見直さなければなりません。」「学校のホームページに校則を掲載することで見直しを促す例もあります。」と述べている。

　文部科学省が挙げている事例となった一つ県をみると、岐阜県教育委員会は学校安全課長名により各県立学校長宛に「校則等の見直しについて」という通知を2021年5月6日にだしている。そこでは学習指導要領が目指す資質・能力の一つである「主体的に社会に参画し自立して社会生活を営むための力」の育成といった観点から、校則の「不断の見直し」が求められている。「校則の改訂手続き」について議論をして「校則や生徒会規則に明記するなど」を求めている。生徒も含めた「校則の見直し」が自分たちの生活ともかかわる学びになると考えられる。その結果2023年12月の時点で80％の高校の校則に改正規定が

おかれていて、66％の高校では校則改正に生徒参加を位置づけている、というデータがある。[59]

その後さらに、2022年に公表された文部科学省『生徒指導提要（改訂版）』では、校則に関する記述を旧版に比べてさらに大きく増やしている。その内容の一部は以下のとおりである。[60]

　校則の見直しの過程に児童生徒自身が参画することは、校則の意義を理解し、自ら校則を守ろうとする意識の醸成につながります。また、校則を見直す際に児童生徒が主体的に参加し意見表明することは、学校のルールを無批判に受け入れるのではなく、自身がその根拠や影響を考え、身近な課題を自ら解決するといった教育的意義を有するものとなります。

校則の見直しに関して児童生徒の参加を推奨し、それは「教育的意義」が存在することも述べている。他にも、「意義を適切に説明できないものについては、……適切な内容か、現状にあう内容に変更する必要がないか」と述べ、「児童生徒や保護者等の学校関係者からの意見を聴取した上で定めていくことが望ましい」「校則を策定したり、見直したりする必要がある場合に、どのような手続きを踏むべきか、その過程についても示しておくことが望まれる」とある。また、「ホームページへの公開」も推奨されている。

現実には未だに「意義を適切に説明できない校則」は多々あると思われる。校則の改訂手続きを明記している学校は全国規模では例外的である。校則の策定への生徒参加や父母参加については初版と比較してトーンアップしている。学校を民主的に運営するためには、学校の規則が民主的に制定されることは必須ではないか。

さらに「校則の制定に当たっては、少数派の意見も尊重しつつ児童生徒個人の能力や自主性を伸ばすものとなるように配慮することも必要です」と述べている。例えばトランスジェンダーという「少数派」の生徒は、時には意に反してスカートを着用しなければならないという現実に、校則はどれほどの留意ができているであろうか。それは、「児童生徒の権利の理解」ともかかわることである。

現在のところ、改訂版は公開されたばかりである。近年の校則の見直しの事例が学術の題材となってとりあげられていることもある。[61] 最近の校則調査について言及すると、片山紀子が行った2021年の近畿圏５都市のアンケート調査（1036校）では、教師間の価値観にばらつきがあり、校則の変更は「たとえば靴

下の色の範囲を広げたりワンポイントを認めたり」という「マイナーチェンジ」が多くをしめていることを指摘している。[62] 2021年の時点では調査数からして、そちらがむしろ「全国的」な動向といってよいであろう。末富芳の2023年に行った調査によると、県・政令市・県庁所在市・東京特別区、合計121のうち、回答があった78自治体の81パーセントは「校則の見直し」に取り組んでいる。[63] しかし、教育委員会が「取り組んでいる」ということは、各学校での十分な見直しが行われていることを必ずしも保障しない。

　改訂版『生徒指導提要』がどの程度影響力を持つかなど、これからの校則については、今後のさらなる動向をみるほかはない。

注
1）『新教育指針　第二分冊』49頁以下。(『新教育指針（付・英文）』日本図書センター、2000年）
2）『新教育指針　第三分冊』70頁。(前掲書、所収）
3）「米国教育使節団報告書」14頁。(『米国教育使節団報告書（付・英文）第一次、第二次』日本図書センター、2000年）
4）『鳥取市教育百年史』1974年、766-767頁。
5）千葉県立佐倉東高等学校『創立七十年記念誌』1977年、112-113頁。
6）『京一中新聞』第1号、第2号、第3号、1947年（『鴨沂新聞復刻版』1998年、に収録）
7）『三重県立上野高等学校創立百数年記念誌』1999年、318-319頁。
8）なお参照、猪股大輝「占領軍の生徒自治会構想に関する一考察」『関東教育学会紀要』47、2020年、1-12頁
9）『福岡中央百年史』1998年、203-204頁、福岡県立福岡中央高等学校『創立六十年史』136頁。なお、当時福岡県内の一部の高校では同様の動向があった。福岡県立福岡高等学校『福中福高七十年史』1987年、471頁。
10）『玉名高校百年史（下巻）』2009年、146-149頁。
11）『福岡県立豊津高等学校七十年史』1958年、145-146頁。
12）『大宮高校百年史』1991年、443頁。
13）文部省学校教育局編『新しい中学校の手引』明治図書、1949年、173頁。
14）前掲書、190頁。
15）文部省学校教育局『新制中学校・新制高等学校望ましい運営の指針』教育問題調査所、1949年、10頁。
16）前掲書、89頁。
17）文部省初等中等教育局編『中学校・高等学校の生徒指導』日本教育振興会、1949年、

283頁。
18) 前掲書、291頁。
19) 「自由研究」の時間に「自治活動」が行われたこともあった。赤塚康雄『戦後教育改革と地域』風間書房、1981年、244頁以下。
20) 『職業指導』22(7)、1949年、8-10頁。
21) 文部省『学習指導要領一般編（試案）』1951年、34-35頁。
22) 前掲書、36頁。
23) 前掲書、36頁。
24) 石谷二郎「バリカン」天野正子ほか編『モノと子どもの戦後史』2007年、吉川弘文館、128頁。
25) 『山形市立第五中学校三十年誌』1983年、42-46頁。
26) 前掲書、46頁。
27) 『長浜北高百年史』2011年、275-276頁。
28) なお、同校では、1963年になって女子生徒の靴下の色を肌色と定めた。同校の学校新聞では「生徒の意見を反映」せずに決めたことを問題としてとりあげていた。(『長浜北高校新聞1963年5月20日』)
29) 『日本の教育』第八集、下巻、1959年、132-133頁。なお参照、子安潤・久保田貢「初期『主権者教育論』の研究」『愛知教育大学教育実践総合センター紀要』3、2000年、9-16頁。
30) 永井憲一「教育権の理念と現実」小林孝輔編『日本憲法史考』法律文化社、1962年、158頁。
31) 永井憲一『主権者教育権の理論』三省堂、1991年、226頁。
32) 文部省『生徒指導の手びき』1965年（出版社不明）。
33) 大内文一ほか『高校生の戦後史』新評論、1983年、208頁から引用（東京・九段高校1963年3月1日）。
34) 『横浜三中・三高・緑高六十年史』1983年、406、423頁。
35) 例えば当時、生徒が長髪の自由を求めていた高校において、保護者むけの文書に「頭髪については……地域社会の状況、補導面の配慮から、短髪（丸刈り）で現在に至っておりました」と書かれていた。『玉名高校百年史（下巻）』2009年、258頁。
36) 例えば、長髪に関しては、『龍野高校南北高校新聞』1948年7月20日、『長野県伊那中学校　長野県伊那北高等学校　七十年史』1990年、445頁。
37) 中沢道明編『高校紛争の記録』学生社、1971年、14頁。
38) 北沢弥吉郎『東京の高校紛争』第一法規、1971年、68頁、坂本秀夫『生徒会の話』三一書房、1994年、70頁、なお、柿沼昌芳ほか『高校紛争』批評社、1996年、小林哲夫『高校紛争1969-1970』中公新書、2012年。
39) 北沢、前掲書、197頁。
40) 『創立百年記念誌　三津田ヶ丘』2006年、658-661頁。

41) 立川高校に関して、都立立川高校「紛争」の記録を残す会編『鉄筆とビラ』同時代社、2020年、参照。なお同書著者である小泉秀人氏から資料提供をうけたことを記して感謝します。
42) 『竹早の百年』2003年、287-288頁。なお、小森陽一『ニホンゴに出会う』大修館書店、2000年、39-55頁。
43) 『皆実有朋八十周年記念誌』(広島県立広島皆実高等学校) 1982年、267頁。
44) 『竹早の百年』2003年、288頁。
45) 例えば、『皆実有朋八十周年記念誌』(広島県立広島皆実高等学校) 1982年、262-269頁。『横浜三中・三高・緑高六十年史』1983年、422-441頁。『愛知二中　岡崎中学　岡崎高校九十年史』1987年、672-679頁、鈴木博雄『高校生運動』福村出版、1969年。
46) 通知および当時の関係文書について、国民教育研究所編『高校における政治的教養と自主的活動　上巻』明治図書、1970年。
47) 広田照幸「大人が若者の政治ばなれをつくってきた」『Voters』(2)、2011年、2-4頁。
48) 名古屋教育史編集委員会編『名古屋教育史Ⅲ』名古屋市教育委員会、2015年、326-327頁。
49) 前掲書、327、328頁。
50) 参照、駒林邦男『改訂版　現代社会の学力』放送大学教育振興会、1999年、124-127頁。
51) 『「所報」にみる長井の教育』1989年、164頁。
52) 広瀬寿克『校則指導で悩む教師へ』明治図書、1990年、池田豊應・諏訪耕一編『校則改定に挑んだ子どもたち』黎明書房、1991年、月刊高校生編集部編『増補版　管理・校則・体罰』高校出版、1990年、森田敏男ほか編『自由と自治と高校生活』労働旬報社、1991。梶原公子『男社会をぶっとばせ！反学校文化を生きた女子高生たち』あっぷる出版社、2023年、など。
53) 文部科学省『生徒指導提要』教育図書、2010年。
54) 前掲書、192-193頁。
55) 総務省・文部科学省『私たちが拓く日本の未来　有権者として求められる力を身に付けるために』5頁。
56) 例えば、『朝日新聞』2017年11月10日。
57) 例えば、東京都墨田区の「墨田区立学校　校則の見直しについてのガイドライン」(2021年9月)、静岡市の「校則の策定及び見直しに関するガイドライン」(2021年10月)、掛川市の「校則の見直しへ向けたガイドライン」(2022年11月)、尼崎市の「校則(学校生活のルールや決まり) の見直しに関するガイドライン」(2022年12月)、宇部市の「宇部市立小中学校　校則見直しに関するガイドライン」(2023年7月)、堺市の「学校のきまりやルール (校則) の見直しガイドライン」(2023年9月) など。
58) https://www.mext.go.jp/a_menu/shotou/seitoshidou/1414737_00004.htm （2021

年9月15日最終確認)。
59) NHK東海「校則見直しに生徒が関わる仕組みの整備要望　岐阜」https://www3.nhk.or.jp/tokai-news/20240205/3000034072.html（2024年2月7日最終確認）。
60) 文部科学省『生徒指導提要（令和4年12月）』東洋館出版社、2023年、101-103頁。
61) 古田雄一「生徒参加による対話的な校則見直しの　市民性教育効果と課題」『国際研究論叢：大阪国際大学紀要』35(3)、2022年、97-116頁。久保園梓、村松灯、大脇和志「『生徒の声』に基づく校則見直し活動の意義と課題」『公民教育研究』(30)、17-32頁、山村向志「生徒主体の校則見直し」『歴史地理教育』954号、2023年、54-59頁、古野香織「生徒が参画する学校づくり」『月刊生徒指導』53(11)、2023年、24-27頁、河﨑仁志「学びのための校則改正」『月刊生徒指導』53(4)、60-61頁、53(5)、56-57頁、53(7)、56-57頁、53(8)、54-55頁、53(9)、58-59頁、53(10)、58-59頁、53(11)、58-59頁、53(12)、58-59頁、53(13)、56-57頁（以上、2023年）、54(1)、56-57頁、54(2)、60-61頁、54(3)、56-57頁、長野仁志「ルールメイキングによる校則改定のとりくみ」『高校生活指導』(218)、16-23頁（以上、2024年）、など。
62) 片山紀子「校則の変更から見る生徒指導上の今日的課題」『京都教育大学紀要』141、2022年、29-42頁。
63) 日本大学文理学部教育学科校則見直し検証プロジェクト『校則見直しに関する自治体状況調査報告書』2024年、日本大学文理学部末冨研究室。

第 3 章　大阪府内公立中学校の校則

はじめに

　本章は、公立中学校の校則の内容を分析してその内容の動向を明らかにする。研究方法としては、2021年9月、10月において大阪府内の市立中学校（義務教育学校後期課程を含む）における校則（生徒心得）の文面を、合計168校の校則を、情報公開制度を通して（あるいは市より情報提供を受けて）、入手できる市から複写を入手して、その内容を分析することによる。次いで1985年頃の中学校校則、2020年の高校校則との比較をも行う。なお、「校則」の範囲内は必ずしも明確ではなく、校則以外にルールが定められている可能性がある。例えば、校則に制服に関する規定がなくても別のルールで登校時の制服着用が生徒に事実上命じられているということはある。あるいは逆に校則の文言が事実上空文化されている、という可能性もある。また、生徒に公開されていない「生徒指導内規」が存在する可能性もある。

　大阪府内の校則に関して市によっての傾向は場合によってはあることをまずここで述べておく。例えば「ベルト」についての規定は寝屋川市では12校中10校に規定がある。豊中市では18校中0校である。「名札」に関しては岸和田市では10校中9校に規定がある。八尾市では16校中3校である。髪が長い女子は髪をくくることを校則に明記しているのは、今回の調査の範囲内では26.8％だが、大阪市内に関しては84.3％である。校則制定に際して、近隣の学校の規定を参考にしているところもあると考えらえる。

1　大阪府内中学校校則の内容について

　それぞれ、項目ごとにその内容の特色を分析していく。調査結果を示したうえで、必要に応じ解釈を加えることとする。

① 一般原則

校則の最初に「一般原則」を述べている学校は16.0パーセントと少数である。「○○中学生としての自覚を持ち」と所属意識を喚起するところ、「中学校で集団で生活していく上で、きまりが必要です。」ときまりの意義を述べるところがある。

冒頭に、校訓をかかげているもの「自ら伸びよう　他の為に計ろう」（八尾市）、「よき人柄と自主性のある行いによって、温かい友情にあふれる立派な校風を作るよう行動しよう」（寝屋川市）とはじめているところもある。

② 制服（標準服）

制服（標準服）についてはほとんどの（93.9％）学校が規定している。判例上制服（標準服）に購入義務はないが、校則によって購入義務がないことを明記している校則は皆無であった。

「極端に短い、極端に長いスカートの着用は禁止」（高槻市）などスカートの長さについての規定は多くの学校にある。変形の禁止（スカートの折り曲げなど）や、「腰パンの禁止」を定めているところもある。

「女子は学校指定のスカートまたはズボンを着用のこと」など、女子スカート・スラックスの選択を認めるところも増加してきている（明記されているところは16.7％、それ以外に制服に男女の別を設けていない学校で認められている可能性がある）。男子・女子ともに「申請により、ズボン・スカートの着用を行うことができる」（寝屋川市）というように、まったく性に中立な（男子にスカート着用を認める）規定をおいている場合もある。

夏服・冬服の更衣の時期に関しては、決めているところ（夏服・冬服・併用期間の時期も決めている場合）と、「自分で判断してください」としているところがある。

③ 防寒着（セーター、カーディガンなど）、防寒具（手袋、マフラーなど）の規定

制服以外の衣類をどのように規定するかという問題がある。「制服でない服類（カーディガンやパーカーなど）は禁止」（東大阪市）という場合もある。

セーター・カーディガンには色指定をしているところは多い。色指定あるいは学校指定品を定めていて事実上色指定となっているところは、53.0％に及ぶ。防寒着を学校指定とする場合、事情があって購入できない生徒には我慢を強い

ることにならないのか、という問題がある。

　色指定に関しては、「紺、黒、灰、白、茶」のすべてかそのうち何色かとなっている場合が多い。「地味な色」「華美や派手を避ける」という意味かと思われる。そのうち３色だけ許されている場合、どうしてほかの２色は認められないのか、となると説明が不可能かと思われる。ベージュやキャメル、アイボリー、深緑色が認められることも数校程度にある。

　防寒具に関しては、「手袋は着用してよい」と許可を明記している場合もある。「手袋、マフラー、ネックウォーマーは登下校時の着用のみ、校内での着用は認めない」という場所を規制するものがある。室内で着用しないという礼儀を示すものであろうか。タイツに関しては「黒色無地」あるいは「黒、肌色」「黒、ベージュ」のみ許可ということがある。カイロは可としているところがある。校則に規定がないところではカイロの持参は可能なのかは、学校によると思われる。

④ 靴下・下着

　靴下に関する規定は66.7％の中学校に規定がある。具体的には、色指定のある場合「白、黒、紺、グレー」とあるか、そのうち何色かになっている場合がある。「白のみ」ということもある。「派手でないもの」としている場合もある。柄については、「ワンポイント・ライン入り可」「絵柄の靴下（アニメのキャラクターや水玉やストライプなど）は許容しない。」などとある。「『式』では白とする。」（東大阪市）など、式典のときのみの規定が存在する場合もある。長さについて「くるぶしがかくれるもの」としている場合がある。

　特定のものを禁止するという場合には、ルーズソックス、くるぶしソックス、ニーハイソックスなどが禁止項目に挙げられる場合がある。「判断に迷うものはその都度検討します」（茨木市）というところもある。

　下着に関する規定は13.1％の中学校にみられた。「白色のものを着用する。」「白色またはベージュ色のものを着用する。」「白色で派手でないもの」などとある。下着は白色と規定しながら、「下着の色がうつらないようにする。」（大阪市）というものもあった。

⑤ 靴

　「白一色の運動靴でひものあるもの」と「ひも靴」を指定している場合があ

る。「靴ひもがある場合は白色とする」とひもの色まで指定されている場合がある。いずれにせよ「ひもがない靴」ではどうしていけないのか。「ワンポイントのないもの」という場合がある。市販されている「メーカーのワンポイントのロゴ」がはいっている靴は着用が許されないこととなる。「靴全体の8割以上が白色であること」（大阪市）という規定もあるが、この規定を厳密に守ることができているかを中学校で検査するのは困難がともなうかと思われる。

　「紐もしくはマジックテープの靴」という場合もある。一方で、「ひも付きの運動靴、マジックテープは禁止」という場合もある。マジックテープは困るという理由は不明である。「体育等の活動時に支障がないもの」という場合もある。それゆえ「厚底のもの、ブーツなど、運動に適さないものは禁止」（東大阪市）と書かれている場合もある。サンダル、スリッポンなどの禁止規定がおかれることもある。靴の規制には合理的な理由がないと思われるものが多い。

　⑥ 頭髪・髪型
　頭髪の規定はほとんど（96.4%）の学校に存在する。頭髪の長さについては特に規定をおいていない場合も多い。しかし、例えば「男子長髪の禁止」は減少してきているとはいえある。「男子は髪が目、耳、えりにかぶさる長髪は禁止」（大阪市）、と具体化されている場合がある。「男子は髪を長くのばしたり、派手な髪型にしない」（大阪市）とあると、どこからが「派手」とみなされるか、女子は派手でもよいのか、という問題があるかと思われる。

　「前髪は眉の位置まで」が男女を問わない規定として書かれていることがある。「目、耳、襟にかからない」という場合もある。「目にかからない」ならまだしも、「眉にかからない」となると、かなりの生徒にとって散髪後に少し髪が伸びたくらいで「校則違反」になってしまうのではないか、と考えられる。

　女子の髪型に関してはくくるもの（ゴム、リボンなど）に関する規定は76.8%にある。それは、「くくるゴムの色は、黒・紺・茶」（泉佐野市）、「ヘアピンは可（黒・紺・茶）」と色を指定しているもの、「飾りのないゴムのみ」、あるいは「髪飾りやリボンはつけてこない」など装飾に制限をかけるところも多い。「大きな髪飾り」「シュシュや色付きピンは認めない」「パレッタ、ヘアクリップなど目立つものやシュシュ、アクセサリー付きのゴムは認めない」（泉佐野市）というように、制限事項を設けている場合もある。「頭髪がえりにかかるときは、うしろでくくる」（大阪市）などと、髪が長い場合にゴムなどでくくることを指

示している学校は26.8％ある。

　特定の髪型（「ツーブロック」「極端な刈り上げ」「震災刈り」「モヒカン」「そりこみ」など）を禁止している学校は、「奇抜な髪型を禁止」する場合を含めると、66.9％にのぼる。「ツーブロック」とは何であるかは具体的に示すのは困難であり、中学校によって定義が違うともいわれる。「アシンメトリー」「左右非対称」が禁止となっていることもあるが、「左右非対称」を厳密に解釈すると、髪を束ねるリボンが中央からずれてはいけないという意味にもとれる。1970年代であれば例えば「リーゼント」が非行のアイコンであるかのようにみなされた時期があったが、今日はそのような理由から特定の髪型を規制する必要性があるとは思えない。「長髪、編み込み、くるりんぱ、おだんごなどおしゃれを目的とした髪型は禁止」（高槻市）という場合がある。特異な髪型でなくても「おしゃれ」目的とみなされる場合は禁止されていることもある。「中学はおしゃれをする場所ではありません。」という概括的に心得を示している場合もある。おしゃれを禁止するというのであれば、どこまでがおしゃれ目的なのかは、よくわからないという問題がある。「流行を追うようなカット・髪型をしないこと」という規定もあるが、これもまたなにが「流行」なのかは必ずしも明白ではない。

　パーマの禁止は81.0％の学校でみられるが、「故意にウェーブ、パーマなどかけない」など、「故意に」という文言をいれて、天然パーマの生徒への配慮を示しているところもある。しかし、くせ毛がひどいという理由から本人の希望で「縮毛矯正」や「ストレートパーマ」をかけたい場合はどうなるのか、という問題はある。

　「染髪」は91.7％の学校で禁止の規定がおかれている。これも生まれつき白髪が多い生徒が本人の希望により染色したい場合はどうなるのか、という問題がある。「茶髪の禁止」と明記しているところは3校にしか存在しなかった。多くの学校で「生まれつき茶髪」の生徒がいることに配慮ができていると考える。「髪を染めたり脱色したりしないこと。生まれつきの事情がある人は先生に連絡しよう。」（八尾市）という配慮規程が明文化されている場合もある。

　「中学生らしい髪型」を求めている学校は44.0％ある。それが、中学校という学習の場にふさわしくない極端に特異な髪型を規制する、という意味に運用されるなら問題ないと考える。しかし、なにが「中学生らしい」のかは明白ではなく、恣意的に運用されてしまい教師の考える「中学生らしさ」を押し付け

る結果におわる可能性がある。
　「進学・就職の際にふさわしい頭髪で」（茨木市）、「高等学校の面接に行ける頭髪」（東大阪市）などとしているところは6.6％ある。日常生活と「入試の面接をうけるとき」、が常に同じである必要があるのかという問題がある。
　「まゆ毛はそらない、ぬかない」など、眉毛に関する規定もある。まゆ毛の形にコンプレックスを持っていて「整えたい」という生徒がいる可能性はある。整えたほうが、清潔感があるように見えることも考えられる。
　一方で、頭髪に関して「学校生活に適した身なりを自身で考える」（東大阪市）などと、簡潔なルールのみを示しているところもある。

⑦ 持ち物
　「学校生活に不必要なものは持ってこない」「学習に不必要なものは持ってこない」などと「不要物」の規定を置いている学校は、74.4％ある。いずれにせよ範囲が明確でないという問題があるとは思われる。「クシ、ブラシは身だしなみのためなら可」（豊中市）という場合もある。
　「高価なもの、貴重品、現金は集金があるときなどの場合以外は持ってこない」などと必要最低限以上に現金をもってこないという規定は49.4％にある。事情がある場合は「担任の先生に預ける」となっていることもある。盗難がおきては困るゆえのパターナリズム的な規則といえよう。「お金・物品の貸し借りの禁止」は多くの校則に書かれているのも同様であろう。
　禁止品として例示されている場合もある。例えば音楽機器、お菓子、ゲーム機、カード類（トランプ）、雑誌（マンガ）などである。刃物、カッターナイフなど危険物が明記されている場合もある。
　カバンについては、「通学カバン」を指定している場合が多い。それ以外には、「キーホルダーやお守りはつけない」「キーホルダーは一つまで」「ワッペンや装飾品を過度につけないように」などの制約がつく場合がある。
　水筒の持参あるいはペットボトルを水筒替わりとして持参することは多くの学校で許可している。中身に関しては、「お茶か水」加えてスポーツドリンクまでとしているところが多い。（ジュースは認められない。）
　多くの場合「持ち物には、必ず学年・組・名前を記入すること。」という規定がある。必ずとなると、「学年・組・名前」をボールペンなど記入できないものもあると思われる。規則を文字通りうけとると実行できなくなる、という

問題が発生することは他にもある。

⑧ 化粧・装飾品

　化粧を禁止する規定は42.3％にみられた。マニキュア、ピアス、イアリング、ネックレス、ミサンガ等の装飾品の禁止規定がおかれているところは53.0％であった。他に、つけまつげ、つけ爪、カラーコンタクトも禁止しているところがある。

　リップクリームに関しては、禁止している場合と無色のみ許可している場合がある。理由があるときのみ許可する、という規定もある。薬用の場合の必要性に配慮しているものかと思われる。制汗剤には「無香料、無香性に限る。スプレーは不可。」とする場合がある。

⑨ 昼食

　給食（当番）や弁当に関する規定がある。「昼食は、ランチ給食を注文するか、家庭で作った弁当を持参する事になります。どうしても用意できないときのみ、登校時に昼食を購入してきても構いません。」（茨木市）などである。昼食場所は教室で、と規定しているところは多い。トラブル防止のためかと考えられる。一方で「登校途中に買うことは禁止」や、「コンビニ弁当や市販の弁当は禁止、購入する場合はパンまたはおにぎりで」（茨木市）と購入物に制限をかけているとこもある。一方で「市販の弁当は可」（八尾市）としているところもあるが、コンビニ弁当を禁止する合理的な説明はつくのであろうか。

⑩ 休憩

　休憩時間に関しては、「他クラスの教室には入らない」「他学年のフロアには立ち入らない」という規定がある場合がある。トラブル防止や、盗難事件がおきたときへの配慮と考えられる。果たしてここまでの規定が必要かとも思われる。昼休みに関しては、「ボールの貸出規定（貸出の手続き、時間など）」が明記されている場合が多くある。

⑪ 遅刻・早退

　「欠席・遅刻する場合は7：50〜8：20の間に保護者に学校へ連絡してもらう。」（東大阪市）などと規定がおかれている。早退については、一度登校した場合無

断外出の禁止規定（事情がある場合には、必要な手続きを規定）を置いているところが多い。一度、帰宅した場合に再登校する場合に制服着用義務を明記している場合も多い。

　下校時間に関しては、一般下校時（16時など）と、絶対下校時（部活動、委員会活動、生徒会活動などの事情があるときのみ。夏は18時、冬は17時30分など）とさだめている場合がある。

⑫ 礼儀作法心得

　礼儀作法心得に関する規定は55.8％にある。挨拶に関する言及は多くのところである。「家の人、先生、友人、知人、地域の人、来客の方々にはあいさつをしよう。先生や目上の人への言葉づかいや態度は敬意を忘れないようにこころがけ、友人間も相手の気持ちを考えて節度ある言葉をつかいましょう。」（寝屋川市）と、「目上の人」に特別の規定がある場合もある。「職員室に用件があるときは、扉付近で自分の名前と用件を大きな声でいう。」（東大阪市）と、具体的に示している場合もある。

⑬ 校外生活について

　登下校中に関しては、「寄り道（お店、友人宅、公園、道路でのたむろ）は禁止、著しく逸脱する場合、指導して保護者に連絡します。」（大阪市）、「買い食い・飲食（アメ、ガムなどのお菓子も含む）禁止」など、寄り道・買い食いの禁止規定がある場合が25.5％ある。「複数で登下校しよう」など、不審者への注意をうながす規定もある。「信号を守る、広がって歩かない、横断歩道をわたるなど、交通マナーを守る」（東大阪市）のように、交通安全への警告が書かれることもある。「万が一、不審者にあったり、被害にあいそうになったら、すぐに警察（110番）に通報して、学校にも知らせてください。」（東大阪市）と、不審者への警告を書いている場合もある。

　立ち入り禁止場所について、「遊技場その他中学生にふさわしくない場所に出入りしないように」（岸和田市）という場合がある。「遊技場」がなにをさすかが、中学生にとって明白ではないと思われる。「ボーリング場、スケート場、プール、ゲームセンターなどの遊技場、映画館、喫茶店、カラオケボックス、他繁華街への出入りは保護者か、それに代わり得る人が同行すること。」など、保護者同伴を求める場合もある。映画館に関しては、あくまで映倫による自主

規制であるがそれによって保護者同伴が求められるのは12歳未満の場合である。「友人同士で繁華街やゲームセンター、カラオケ、その他の商業施設にはいかないこと。」（東大阪市）と友人同士は禁止、という場合もある。

「他校生との交遊は避ける」（豊中市）という規定もある。トラブル防止のためかと思われるが、この規則を厳密に守ると、例えば塾で知り合った友達や部活動を通してできた他校の友達とも交遊が禁止されることになる。その必要があるとは通常は考えられない。「トラブル防止」のために「対処療法的」につくられた規則が、他の問題をひきおこしてしまう可能性を発生させる。

なお、アルバイト禁止規定をおく規定は散見される。学齢生徒の使用は労働基準法第56条1項により原則として禁止されているが、例外もある。生徒の経済的事情を一切考慮せずに禁止してよいか、という問題はある。一方で「事情がある場合は担任に相談すること」（大阪市）という場合もある。

⑭ 携帯電話、スマートフォン、SNSなどについて

携帯電話、スマートフォンSNSに関しては26.8%に規定がある。持ち込み禁止規定（あるいは届出規定）が見られる。「スマートフォン・携帯電話やインターネットの利用等は、保護者の管理のもと、適切に活用しましょう。」などとある。SNSに関しては、「思いついたことやその時の感情を安易にSNSや掲示板に書き込まない。」「SNSで知り合った人とは合わない。（トラブルになる危険性が非常に高い）」（大阪市）と、注意事項を明文化しているところがある。

ラインに関しては、「グループLINEが少しでもしんどく感じている人。思い切って退会しましょう。」「みんなに通知が届くグループLINE。10時以降はUPしない。」「寝る前には携帯を家族に預けましょう。枕元においていると気になって睡眠を妨げます。」（豊中市）などと細かな指示をしている場合がある。しかし、今のところSNSに校則で言及している学校は少ない。今日、SNSに関する指導をまったく行っていない中学校があるとは考えにくく、校則以外で指導規準をつくっているかと思われる。それには、新たに発生してきた問題に関して、校則の「改正」による対応が簡単にできないという事情があるとも考えられる。

⑮ 校則の制定・改廃規定について

校則に、校則の改廃規定をおいているところはまずない。「生徒心得は生徒

会規約とことなり最終的には職員会議で決定されます。ただし職員会議で否決されても、再び提案することができます。」(寝屋川市)とあるのが、今回見たなかで唯一の改正規定であった。改正規定が明記されていないことは、生徒にとっては校則に問題を感じた時にどのように訴えかけたらよいかさえわからないこととなる。「声をあげる」ことが難しくなることが容易に考えられる。

　「通学靴や靴下、防寒着・防寒具に関する規定」を「生徒会で決めた決まり」と明記しているところ(高槻市)、校則の一部を「生徒会で話し合い校長の承認のもとに決定されたものである。」(大阪市)、と遵守をよびかけるために補強的な理由となるように明記している場合はわずかながらある。また、服装について「ここまで来るには多くの人達(卒業生・保護者・地域の人々)の意見と長い時間(年月)がかけられました。」(豊中市)と由来を説明しているものもある。生徒に対して校則への納得を高めるために書かれていると考えられる。靴下は「白、黒、紺の無地のソックス」としたうえで「2021年生徒会執行部によりグレーの靴下着用可」(東大阪市)と明記されているところがある。生徒会による「見直し」が「マイナーチェンジ」におわっていたのかとも考えられる[3]。

⑯ 法律や条例について

　校則が決まりであるとして、同じ決まりである法律や条例に触れているものは少ないといわざるをえない。自転車通学を認めている中学校では、大阪府自転車の安全で適正な利用の促進に関する条例(2016年)を引用しているもの(高槻市)、交通違反に罰則金の規定や自転車保険の加入の義務付けを明記しているものがある。「午後7時以降にゲームセンター、カラオケBOX等に行くことは条例で禁止されています。(保護者同伴も午後10時以降禁止)」(寝屋川市)など、大阪府青少年健全育成条例をふまえているものがある。

　「暴力行為は厳しく指導・対応させていただきます。(大阪府教育委員会"問題行動への対応チャート"を参考に対応)」(東大阪市)と、教育委員会の方針に言及している場合も稀にはある。「対教師暴力、器物損壊、悪質ないじめ……その他重大な問題事象が発生した場合は、関係諸機関(……警察)、少年サポートセンター等」に連絡する(東大阪市)と、明記されている場合もある。

　「個人が特定できるような、文章や写真をインターネット(とくにSNS)にアップロードすることは、法律で禁止されています。」(茨木市)とあるが、たしかに不法行為となる可能性があるが、本人の同意を得ている場合という例外

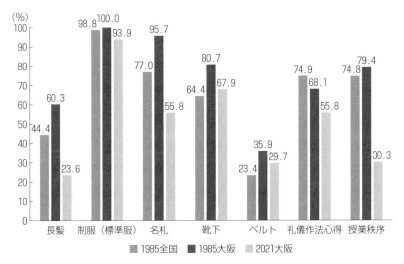

図3-1　1985年と2021年の校則の比較(1)

出所）筆者作成。

に言及しないなど、法律に対する誤解へとつながる表現かと思われる。

多くの学校において、校則と法律や条例は別のものと考えられているといってよいであろう。

2　2021年の中学校校則の特徴について

（1）1985年中学校校則との比較

ここでは1985年に行われた坂本秀夫の調査項目を参照し、2021年の校則との比較を行う。坂本は大阪府内で141校、当時の府内公立中学校の27.6％の校則および全国1125校、10.1％を収集したうえで分析対象としている。同調査（坂本は大阪府のみならず、全国調査も行っているので参考までにそちらも含めている）および本件調査によって得られたデータは図3-1および図3-2の通りとなる。データおよび坂本の論稿に依拠しながら以下を論じる。

全体としてほとんどすべての項目で1985年のほうが、規定がある比率が高い。唯一「夜間外出禁止規定」のみが2020年のほうの比率が高くなっている。大阪府青少年育成条例により夜間外出規定が制定されたのは1984年であるが、それが後に定着していったというゆえであろうか。全体として1984年のほうが「厳

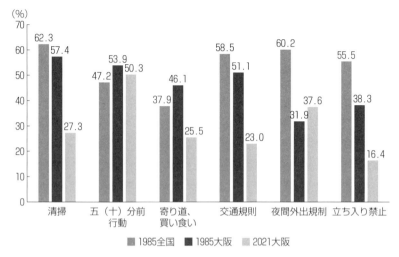

図3-2　1985年と2021年の校則の比較(2)

出所）　筆者作成。

しい」傾向にあることは否定できない。後述するが、1984年に存在した規制が、2021年には全くみられなくなっている場合もある。

① 長髪

1985年には、「長髪の禁止」規程がおかれること、あるいは「前髪が眉にかからない」「耳にかからない」「襟にかからない」という規定があったが、その割合は減少している。1985年に大阪府内の14.9％、全国平均で33.5％あった「丸刈り」校則は完全に姿を消している。一か所だけ「頭髪はのばしても、丸刈りでもよい。」（大阪市）とかつての「丸刈り校則」の遺物かのような規定がみられた。丸刈り、おかっぱなどの「特定の髪型に限定する」タイプの校則は今日ではみられない。

② 制服・標準服、名札、ベルト、靴下

服装に関して、「制服」あるいは「標準服」を定める学校がある。両方をあわせると、1985年には100％であった。2021年には94％と高い比率を示している。ただし、校則に制服（標準服）の規定がないが事実上生徒が制服・標準服で通学していることはありえる。標準服の表記をつかうところも増えているが、

事実上制服とおなじ強制力があるという可能性がある。判例上は制服・標準服とも購入、着用の義務はない。あくまで「推奨する服装」の位置づけのはずである。

　1985年には制帽の規定も70％の中学校にあったが、今日では姿を消している。それは、丸刈り校則とセットと考えられるところもある。

　「名札」、「靴下」、「ベルト」に関してはいずれも割合がさがっている。名札に関しては個人情報保護や防犯の問題が強く意識されるようになったという事情もあると考えられる。しかし、靴下に関して細かい規制があったことは、あまり変わっていない。

③ 礼儀作法心得・授業秩序

　「礼儀作法心得」に関して、比率が減少している。現在でも「あいさつ」に関する規定は多くおかれている。1985年には礼儀に関する規定も、「職員室に入るときは『失礼します』といってはいる」「先生と話すときには姿勢を正し、ポケットに手をいれたりしない」ということまで明記されていたりした。

　「授業秩序」に関しても例えば、「正しい姿勢で授業をうけること」「授業妨害は周囲の迷惑になるので絶対にしないこと」（東大阪市）などの規定はあるが、その比率は減少している。1985年頃ほどには「校則によって授業秩序を維持する」という観念は薄くなったと思われる。

④ 清掃、五（十）分前行動

　「清掃」に関しては、規定がおかれている割合は半減している。かつては、清掃時の服装規定（例えばトレパンに着替える）ということもあった。掃除の間は「終始無言」という校則は現在ではみられない。清掃のルールに関しては規定があっても「時間通りに、決められた清掃分担の場所に行く。掃除時間が終わるまでに、与えられた役割を果たす。担当場所の掃除が早く終わった場合、教室に戻り、掃除を手伝う。」（八尾市）のような簡素なものとなっている。

　「五（十）分前行動」に関しては、「本鈴は8時35分ですが、ゆとりを持たせるため、閉門の8時25分までに登校」「8時30分までに登校すること。8時35分をすぎて教室に入らないと遅刻になります。」などという規定がある。その比率は約半分であることがほぼ変わっていない。始業時間に遅れるのは遅刻であり、その何分前に登校するかは個々人で判断することかとも思われる。しか

し、一部の学校ではどの程度前に登校すべきかについてまで「心得」として定めている。

なお、1985年には、「ハンカチ・チリ紙」の規定が中学校校則にあったが、現在ではほとんど姿を消している。

⑤ 寄り道、買い食い、交通規則、夜間外出規制、立ち入り禁止

登下校時の「寄り道、買い食い」に関しては、依然として四分の一の学校に規定がおかれているが、やはり減少している。「交通規則」に関しても同様である。交通事故の件数が減少していることを反映しているのであろうか。

「夜間外出規制」に関してだけは規定がおかれている比率が増加している。大阪府青少年健全育成条例が1984年に制定されて、周知されるようになっているから、あるいは防犯意識が高まっているからかと思われる。

校外生活における「立ち入り禁止」場所についてはここ30年のあいだに大きく減少している。2021年にも既にのべたような「禁止場所」を定める規定がある。1985年には「映画観覧の規制」が約三分の一にあったことを、坂本は1985年に既に「時代遅れの規則」と評している[6]。2021年にも「安全上、映画、繁華街へは必ず保護者と一緒に行きましょう」(東大阪市)という規定は稀ながらにはある。

1985年には「外出時の服装」を制服とするのも約四分の一にあった。さすがに、今日では姿を消している。「生徒の安全を守るため、学校が特定される服(制服・体操服など)で遊びに行かない。帰ったら着替えること」(茨木市)と、制服着用のまま遊びに行かない規定さえ存在している。

そもそも、校外活動に関しては、校則で規定をおくべきことか、という問題がある。規定をおかない学校が2021年に増加していることは確かである。学校外の生活はプライベートであり、個人の問題という観念が広まってきているゆえであろう。

(2) 高校との比較

大津尚志がおこなった、2019年の高校校則について調査結果を比較するに[7]、中学校と高校の違いみると以下の点が指摘できる。

「他の教室にはいらない」「他の学年の教室にはいらない」という規定は中学校にのみ見受けられる。高校のほうが選択授業が多いからとも思われるが、中

学校のほうがトラブル防止の必要性が高いと認識されているためと考えられる。中学校で「アルバイト禁止」および「懲戒処分の規定」に関しては中学生は学齢児童でありそもそも法律による制限が厳しいこと、公立中学では法令上訓告のみ停学・退学処分はできないことから校則で言及していることは少ない。

　服装（セーター、カーディガンなど）や靴下の色指定も中学校のほうがはるかに多い。およそセーターが「黒・茶・グレー、紺、白」（あるいはその中の数色）にかぎられる、あるいは下着の色に関する言及は中学校のほうが多い。これらは「年齢相応」による違いとも考えられる（中学生だからといってそのような規制は不要という考え方もあるが）。しかし、前述のとおり大阪府内の公立高校の校則は公開が前提となっているゆえ、公開される時期にそのような校則は削除された可能性がある。校則が公開されることは、校則が多くの人の目に触れることとなる結果をもたらし改善に資することができると考えらえる。

　中学校で見受けられる「自転車通学禁止」「現金をもってくることの禁止」「携帯・スマホの禁止」などは高校ではまずみられない。これらは、中学校と高校との通学距離の違いに起因するものであろう。

まとめにかえて

　大阪府内の公立中学校校則の現状に関し、調査することによって新たに得ることができた知見を中心にまとめる。次いで、2022年『改訂版　生徒指導提要』からみた校則の現状について検討する。

　中学校の校則に関してはここ30年のあいだに、規定は減少する傾向にあり、特に校外生活に関する校則による干渉は明らかになくなってきている。

　服装、頭髪に関しては制限の方法は30年前とは変化しているものの相変わらず「細かい規制」がつづいていると判断できる。服装に関しては、制服の着方の問題や制服以外の衣類（靴下、靴、カーディガンなど）に不要とも思われる指定が行われていることがある。「靴下の色」の指定など「教育的意義」があるのかどうかがわからない規定も少なくない。

　頭髪に関しては、「染髪」はほとんどの学校で規定がおかれている。「生まれつき茶髪」などの生徒に関して、中学校校則に「地毛証明書」を求めているところはなかった。大阪府内の高校では2017年11月の時点（黒染訴訟が提起された直後）で６割の高校が「地毛証明書を求めている」と報道されている。

1985年との比較をするに、時代とともに学校外にかかわる規定（例えば外出時に制服、映画館などの立ち入り禁止）は減少するなど、校則が変化しているところもある。一方で「旧態依然」といわざるをえない校則が続いているところもある。合理性がない「規則ゆえの規則」としか思えないような「校則を守らせる指導」が行われるのは1975年頃からの「校内暴力」の時代にはじまったと考えられる[10]。それが、形はかわっているところはあるとはいえ、今日にも残存しているといえる。

　2022年12月の改訂版『生徒指導提要[11]』では「意義を適切に説明できないものについては、……適切な内容か、現状にあう内容に変更する必要がないか」と述べるが、果たして例えば女子生徒が髪をくくるゴムが「黒・紺」はよくて「白」はいけないということを合理的に説明することはできるのであろうか。このような「細かすぎる校則」は減少傾向にあるとはいえ、まだまだ問題は残っていると考える。

　改訂版『生徒指導提要』にもとづいた方向性で「校則の見直し」を行うには、まだまだ見直すべき点が残っていることを今回の調査は示しているといえる。

注

1）　泉佐野市5、茨木市14、大阪市（中央区、西区、住之江区、西成区、東住吉区）32、岸和田市10、吹田市18、高槻市18、豊中市18、寝屋川市12、東大阪市25、八尾市16、の市立中学校の校則（生徒心得）を入手した。大阪府内公立中学校（夜間中学を除く）の約40％を入手している。

2）　京都地裁、昭和61年7月10日、千葉地裁、平成元年3月13日など。大津尚志『校則を考える』晃洋書房、2021年、52、54頁、参照。

3）　内田良は「校則の見直し」が「マイナーチェンジ」「コストパフォーマンスが悪い」ことになりがちなことを指摘している。内田良「個性尊重のため先生が闘った」河﨑仁志ほか編『校則改革』東洋館出版社、2021年、214-240頁。

4）　坂本秀夫『生徒規則マニュアル』ぎょうせい、1987年。

5）　同様のことは、高校校則においても1989年と2019年の比較調査から妥当する。大津尚志「校則に関する調査」『校則を考える』晃洋書房、2021年、39-50頁。

6）　坂本、前掲書、26頁。

7）　大津尚志「大阪府内公立高校の校則」『校則を考える』晃洋書房、2021年、67-86頁。

8）　例えば、岐阜県（校則を公開している県）の学校安全課長は「校則を公開することで学校の内外で興味関心が高まり、議論がしやすくなった。生徒たちの間では、『自分たちで作ったから校則を守る』といった動きも出てきている。先生側も校則が適正か

どうか考え、企業側に意見を求めるなど積極的な動きが出てきている」と発言している。NHK 首都圏ナビ「"校則は公開が適切" 生徒指導提要の改定案『見える化』でどうなる」https://www.nhk.or.jp/shutoken/newsup/20220829b.html （2024年5月29日最終確認）。

　なお、尾形加奈恵・本多明生「高等学校におけるホームページを利用した校則の情報公開状況に関する研究」『静岡理工科大学紀要』30、2022年、23-32頁、は、静岡県内の高校でホームページで校則の情報公開がほとんど行われていない理由の一つを「学校へのマイナスの影響の懸念や校則の見直しが不十分であること」を挙げている。

9）　『毎日新聞』2017年11月12日。
10）　大津尚志、前掲書、32頁。
11）　文部科学省『生徒指導提要（令和4年12月）』東洋館出版社、2023年、101-103頁。

第4章　熊本市立中学校における「校則見直し」動向

はじめに

　「校則の見直し」は文部科学省から推奨されることでもあるが、公立学校の場合はより直接的には教育委員会の対応によりすすめられるところがある。「校則の見直し」に関して「先進的」な動きを示しているのが熊本市教育委員会である。同市の遠藤洋路教育長および苫野一徳教育委員が校則にも触れる単行本を出版しており[1]、「校則の見直し」に関する関心の高さがあるとみられる。本章執筆時（2024年）において、熊本市の動向は例外的な状況とみなされるかもしれないが、「先進的」な例としてとりあげることとする。

　本章は熊本市の政策動向、中学校（市立中学校は42校ある。中学校に着目するのは数が多く、より問題が発生しやすいと考えるゆえである。）における、「校則の見直し」の実態を明らかにすることを目的とする。本章では、2021年度の「見直し」がはじまる前と考えられる、2021年9月の時点で情報公開請求をもとに入手した熊本市内公立中学校の校則と、「見直し」後の2022年9月に各学校のホームページ上で取得することができた校則をもとに、主に2021年度内におきた「見直し」について注目する。

1　熊本市の「校則見直し」の動向

　熊本市教育委員会は2020年7月の定例会で「校則」を議題としている[2]。「校則・生徒指導の見直し」にとりかかり、8月には学校及び教職員・児童生徒・保護者を対象とするアンケートをはじめて、10月には「校則・生徒指導の見直しに係るアンケート」の結果を公表している[3]。さらに、「校則・生徒指導のあり方の見直しに関するガイドライン」を2021年3月に公表している[4]。「児童生徒が、自ら考え、自ら決めていくような仕組みの構築」「必要かつ合理的な範囲内で制定されることについて」「校則の公表について」の3つの観点から見

直しの枠組みをつくることが述べられている。さらに、「必要かつ合理的か」については、以下の4つの論点を示している。

① 生まれもった性質に対して許可が必要な規定 （例）地毛について、学校の承認を求めるもの　他
② 男女の区別により、性の多様性を尊重できていない規定 （例）制服に男女の区別を設け、選択の余地がないもの　他
③ 健康上の問題を生じさせる恐れのある規定 （例）服装の選択に柔軟性のないもの、選択の余地がないもの　他
④ 合理的な理由を説明できない規定や、人によって恣意的に解釈されるようなあいまいな規定

①～③については、各学校において「必ず改訂」することを求めている。

同時に「熊本市立小中学校の学校運営に関する規則」の改訂も行われた。2021年4月から施行される規定として、「第36条　校長は、必要かつ合理的な範囲内で校則その他の学校規程を制定することができる。2　校長は、校則の制定又は改廃に教職員、児童生徒及び保護者を参画させるとともに、校則を公表するものとする。」と明記された。「校則の見直し」をガイドラインを示したうえで行うことは、他県、他市町村教育委員会でも行われているが[5]、学校管理規則の改訂にまで含めて行っている例は管見の限り他には未だに存在しない。例えば、2021年9月に制定された東京都墨田区の「校則の見直しについてのガイドライン[6]」は、「参考文献」に熊本市のガイドラインを明記しているなど、他の県や市にも影響を与えているところがある[7]。他の県や市がガイドラインを作る際に有益なモデルの一つを示すことができているといえよう。

2022年3月までに報告書の提出を各学校に求めているが、その様式は「見直しの仕組み、協議の内容、校則の新旧表」の記載までを求めている。「校則の見直し」は他の自治体でも同様に通知がだされているが、それは強制力をもつものではない。あくまで校則の制定権は校長にあるということに争いはなく、実質的な「見直し」がおこなわれずに終わる可能性はある。このように教育委員会が書類の提出まで義務づけることにより、「見直し」が実質的に進むことは容易に推測できる。

こうして見直しが行われた際の書類で、提出された記載内容については、「協議の方法について」「生徒指導のあり方の見直しについて」「来年度の見直

しについて」「その他」については、まとめられて、ホームページ上に公開されている。

　そのうち「協議の方法」についてみると、各学校によってさまざまな対応がとられている。42校中回答があった41校のすべての中学で「全校生徒向けアンケート調査」「生徒会での話合い、見直し案作成」「アンケートで一番多かった項目について各学級で話合い」「生徒会4役が見直し案のプレゼンの実施」「校則案を校則検討委員会（生徒代表・PTA役員・生徒会担当教職員）で検討」「全校で同じ時間を設定し、各学級でタブレットを活用しながら話合いを実施」「学級の代表者が集まって協議し、決定したことを生徒代表と職員代表で協議」など、いずれも生徒参加に関する制度構築が含められている。なかには、今回の見直しの後に、校則の前文のなかに「『自分たちの決まりは自分たちで作って、自分たちで守り、不具合があれば自分たちで見直していく』という民主主義の基本を身に着けながら、自ら判断し行動できる力の育成に繋げる」と明記されるようになったところもある。

　また、中学校の校則のホームページ上の公開もなされるようになった。校則が公開されることは、多くの人の目に触れることを前提に、校則を制定するということが意識されると考えられる。

2　熊本市の中学校「校則の見直し」の実態

　熊本市立中学校全42校の2021年度中の動向について着目する。本章では「校則」と総称するが、「校則」「生徒心得」「生活心得」「〇〇中学校の学校生活に関する決まり」「〇〇スタイル」「〇〇中学校公式ルールブック」（〇〇にはいずれも学校名がはいる）など、名称は学校によってさまざまである。服装の範囲内に限定している場合もあり、「どこまでが校則なのか」という範囲は、は必ずしも明確ではない。

　多くの学校は従前の校則に改訂を加えるかたちで変更を行っている。「見直し」により、校則を全面的に書き換えているところも、大幅に簡素化したところもある。比較的修正箇所の多かったA中学校の主な改訂動向を2021年度、2022年度の校則を対照させることによってみると、表4-1のとおりである。

　一方で、スクールソックスとして認められる色を増やした程度の、修正が少なかったと中学校もあった。

表4-1　A中学校の2021年度中に行われた主な校則改定動向

	2021年度	2022年度
①	[表題]「A中学校生活のきまり」	「校則」
②	[前文]中学生としての誇りと自覚をもち、責任を重んじ、自主的な生活をし、よりよき中学生となるために次のことを守りましょう。	学校は集団生活の場であることから、学校には一定の決まりが必要です。校則は、みなさんが健全な学校生活を営み、よりよく成長していくための行動の指針です。しっかりと守り、充実した学校生活を送りましょう。
③	[新設]	通学に関するきまり（登校時間など）および、タブレットに関するきまり（「大切に使う、学習目的以外には使用しない」）を新設。
④	[服装に関して]「男子標準服」「女子標準服」という記載	「Ⅰ類」（標準型学生服）「Ⅱ類」（セーラー服）から選択し、着用する。
⑤	[男子冬服]セーター、トレーナーは白、黒、紺、茶、グレーの単色、柄なしのものを着用する。襟や袖から見えるもの、ホックのとまらないものをは着用しない。	[Ⅰ類、冬服]厳寒期には白、黒、紺、茶、灰色の単色無地のトレーナーなどを学生服の下に着用してよい。
⑥	[女子冬服]セーラー服の下に着るセーター類は、白、黒、紺、茶、グレーの単色、柄なしのもので、襟元や袖口から出ないようにする。厳寒期にはボックス（登下校時着用を原則とする）、タイツの着用を許可する。タイツの色は黒色とする。（ソックスを重ねる場合は、タイツの中に黒色または白色スクールソックスとする。）	[Ⅱ類冬服]厳寒期には白、黒、紺、茶、灰色の単色無地のトレーナーなどをセーラー服の下に着用してもよい。また、黒色のタイツを着用してもよい。
⑦	[冬服・中間服・夏服の]移行期間については気温を考慮して学校から連絡する	移行期間は特に設定せず、気候や天候を考慮して各自で判断する。
⑧	下着は無地の白色とする。（女子はベージュも可とする。柄の入った下着は着用しない。）	シャツの下に着用する下着については、白を基調とした色、または黒色のものとする。
⑨	靴下は白色のスクールソックスを着用する。長さはかかとで折り曲げて、つま先までと上までの長さが同じくらいであること。	靴下については、くるぶしが充分に隠れる長さで、白、黒、紺色の単色無地のものとする。
⑩	厳寒期には手袋、ネックウォーマーの着用を許可する。（登下校時着用を原則とする）手袋は白・黒・紺・茶・グレーの単色で柄のないものを使用する。ネックウォーマーは黒・濃紺・暗灰色の単色で柄のないスポーツタイプのものを使用する。小さなロゴが入ったもの、規定の色であれば表と裏の色が異なるものの使用は可。スヌード類は使用しない。	厳寒期には、登下校時のみ、白・黒・紺・茶・灰色の単色無地の手袋やネックウォーマーを着用してよい。また防寒着については、部活動で使用しているものや、白・黒・紺・茶・灰色を基調としたものを着用してよい。

⑪	[靴] ひもつき白色の運動靴を使用する。ハイカット・デッキシューズは禁止。	靴については、白色または黒を基調としたもので、運動に適したひも靴とする。
⑫	[新設]	体操着については学校指定のものとする。
⑬	[頭髪・眉等] （1）男女共通 中学生らしい髪型とする。 前髪は目にかからない程度にする。 整髪料は使用しない。 眉を抜いたりそろえたり、化粧、ピアス等はしない。 （2）男子 襟や耳にかからない程度の長さにする。ひどい長髪、パーマ、脱色、髪染めなどはしない。 （3）女子 肩にかからない程度とし、長髪の場合はゴムで結ぶ。（黒、濃紺、こげ茶） 髪留めは黒色系のヘアピンのみとする。 左右非対称など特殊なカットやパーマ、脱色、髪染め、ヘアーアイロンなどはしない。	髪型などに関するきまり 1　極端な段差ができるような髪型や、極端な左右非対称な髪型にしない。 2　パーマ、ヘアーアイロン、脱色、髪染めなどはしない。 3　髪の毛が肩にかかる場合は、黒、紺、茶色のゴムで結ぶ。 4　髪留めについては、黒色のヘアピンを使用する。 5　整髪料を使用しない。 6　眉を抜いたり剃ったりしない。 7　化粧、ピアス等をしない。
⑭	外出時に生徒証明書を所持し、〇〇中学生としての品位を保つように心がける。	（削除）
⑮	[新設]	SNSやスマートフォン等ネット機器については、保護者の責任の下で利用する。特に、人を傷つけたりトラブルをまねいたりするような書き込み、不適切な動画・写真等の撮影及びネット掲載や交換などについては十分注意する。
⑯	[新設]	（付則）この校則は、令和3年12月16日、校則見直し検討委員会で協議し、令和3年12月17日、校長が決裁し改訂する。

出所）　筆者作成、[　] 内は筆者による。

　ここからは、他の学校の校則をもふまえて、改訂の方針について、既に述べたガイドラインにおける①〜④についての対応および、これを期に新たにつくられた規定（⑤とする）について、見ていくこととする

① 生まれもった性質に対して許可が必要な規定に関して

　「茶髪の禁止」が明記されていたのが削除された例がある。「生まれつき茶髪」の生徒がいた場合の配慮がこれまでには欠けていたといえよう。「地毛証明書」の提出をもとめた校則は存在しなかったが、校則以外の規則や口頭による指導で提出が求められている可能性はある。同様に、「パーマにしない」の

規定が存在する中学もあるが、「天然パーマ」の生徒に対する配慮に欠ける規定ではないかとも考えられる。

②男女の区別に関して

Ａ中学校ではⅠ類、Ⅱ類ときめて、「男子標準服」「女子標準服」の記載をやめている。他にも「様式１」「様式２」とするなどさまざまな対応がとられているところがある。性的少数者（戸籍上の性別と性自認が一致しない場合）に配慮したものと思われる。Ⅰ類（学生服）、Ⅱ類（セーラー服）以外の選択肢はなく、Ⅰ類の学生服を選択しないかぎりスカートに限定されるという問題はある。一方で、男女ともにブレザーの制服にしていて、女子に「男子のズボンを着用してよい」としている学校もある。

制服の男女別の記述はやめているが、髪型に関するルールは「男子は〜」「女子は〜」という記述がそのままに見過ごされている中学は多い。後髪の長さについてなどが別規定となっていたりする。「ジェンダーに関することなど、特別な事情がある場合は、必ず相談してください。」という特記を加えたところがある。

③健康上の問題に関して

Ａ中学校では、「［冬服・中間服・夏服の］移行期間」を「各学校から連絡」でなく、「個人の判断」にかえた。体感温度には個人差がある以上、健康上の問題を減少させることになるであろう。防寒具に関しては、「登校時に手袋・防寒具・マフラー・ネックウォーマーを着用してよい」などと、着用してよいものを増やしたところが多い。

④合理的な理由を説明できない規定や、人によって恣意的に解釈される規定に関して

Ａ中学校では服装・頭髪ともに規制を減らしている。例えばネックウォーマーの色が増えたものの、依然として色の制限や指定をすることの合理的な理由は説明できる内容だろうか。

靴下の色に関しては、色の指定を撤廃したところも一校あるが、他の41校には何らかの規定がある。「白」のみであったのを「白・黒」にするなど認められる色を増やした程度の「見直し」が行われているところが多い。靴下がなぜ

灰色ではいけないのか、他にも「ワンポイントまでOK」「ライン入りは不可」などの規定は、まだまだ残っている。校則による規制を「緩める」ことが「見直し」であると受け取られている可能性がある。

　下着（肌着）に関しては、36校が何らかの規定をおいている。「白かベージュの単色」であったのが「目立たない色」と改めたところもある。多くは「原則として無地で派手でないもの」「色や柄が透けないもの」「襟や袖から見えないように」といった記載に留めている。「夏はシャツの色に合わせて白の下着」と、色の規定を行う理由の説明をしているところがある。規制するにせよ合理的理由を示そうと改めたといえる。

　校則に「中学生らしい」という文言があるところは3校ある。それは、「恣意的に解釈される」校則の例としてよく挙げられるところである[9]。ある中学では「男子は常に中学生らしい普通の髪型に整える」を、男女とも「常に学びの場にふさわしい髪型に整える」と改められた。「学びの場にふさわしい」という言い方にして、「納得できる内容」にしているところがある。

　「ツーブロックの禁止」は10校に見られる。髪の結び方、結ぶ位置に規定をおいているところもある。「ヘアピンは、危険防止のために体育時には使わない」とかつてあったのが削除した例がある。およそ問題ないという判断であろう。眉毛に関して「一切さわらない」「そる・抜く・切る・整える等の禁止」という規定は多いが、「整える」行為まで規制するのは合理的に説明できるのだろうか。かつて「眉毛をそる」ことが「不良」のアイコンを示すかのような時代があったが、その残存なのだろうか。他に、スカート丈に関しては34校に規定があったが、「ひざが隠れる」「ひざ立ちして床に着く」などの決め方をしているところが多い。

　2022年度において、「合理性の説明が難しい」校則は、まだまだ残存するといってよい。

⑤ 新設規定、その他について

　A中学校では改正期日や改正の経緯を新たに記している。しかし、これは全体でみれば少数派である。他に、「アンケートをとったり生徒議会等で話し合ったりして、みんなで決めたルールもあります。自分たちで決めたルールを守り、過ごしやすい学校を作っていきましょう。」など、「見直し」への経緯を明記しているところはある。「今後毎年見直しを行っていく」と述べていると

ころもある。

　校則が時代の変化に適合しなければならないことは言うまでもない。A中学校では、新たな必要性があると思われたもの（登校時間、タブレットなど）の規定が新設された。一方で、SNSの規定など「熊本市中学校生徒指導委員会申し合わせ事項（令和3年度）」を反映させて改めたところがある。一方で、同申し合わせ事項にある「外出時には生徒手帳携帯」は、熊本市内で生徒手帳が別途に廃止される方向にあることから、A中学校以外でも削除される方向にある。

　　まとめにかえて

　2021年度の1年間で校則の見直しがすすめられたわけである。それで、生徒参加や父母参加のシステムがつくられ、ある程度の見直しがすすめられたという成果ははっきりあるといってよい。教育委員会によって指針が示されたことにより、その方向に「見直し」がすすんだといってよい。ただ「見直し」を呼びかけるだけでは、多忙な教育現場では「今のままでよい」と放置されることも多いことが想像できる。ガイドラインがつくられたにもかかわらず、女子にズボンの着用を希望者には認めるという「性の多様性」への配慮、厳寒対策という健康への配慮はまだ十分できているとはいえないところもある。服装・頭髪に関しては依然として「合理的な説明が難しい」と思われる「細かな規制」が存在することが見受けられる。

　一方で、校則の改訂について話し合うには時間がかかることであり、2021年度は新型コロナウイルス感染症の問題が発生という制約もあったことも考えられる。何が、「理由の説明が難しいもの」であるかは意見の一致をみるとは限らない。今後さらなる検討課題が残っているとしても、一年目にある程度の成果をあげることはできているといえる。「校則の見直し」を民主主義教育の一環として定着させるには、やはり時間がかかるといわざるをえない。そのために、「あるべき校則」に関する指針、根本原理となることのさらなる周知、理解も求められることを付言しておく。

　なお、熊本市では「子ども議会」が毎年夏休みに開催されているが、2022年、2023年はともにテーマを「校則の見直し」を取り上げるなど、さらなる取り組みが続いている。2023年は「校則は暮らしをより良くするもの」「全員が話し

合える場の設定」「校則の見直しを定期的に行うための手立て」「意見を出しやすくするための手立て」といった提言がだされた。[11] 今後のさらなる動向に注目するほかはない。

注
※インターネットサイトの最終確認はいずれも2022年12月19日である。
1）遠藤洋路『みんなの「今」を幸せにする学校』時事通信社、2022年、苫野一徳監修『校則が変わる、生徒が変わる、学校が変わる』学事出版、2022年、苫野一徳・工藤勇一『子どもたちに民主主義を教えよう』あさま社、2022年、ほか。
2）教育委員会会議録（2020年7月30日）https://www.city.kumamoto.jp/common/UploadFileDsp.aspx?c_id=5&id=27659&sub_id=10&flid=216778。
3）「校則・生徒指導のあり方の見直しに関する調査結果」https://www.city.kumamoto.jp/common/UploadFileDsp.aspx?c_id=5&id=31344&sub_id=1&flid=224031。
4）「校則・生徒指導のあり方の見直しに関するガイドライン」https://www.city.kumamoto.jp/common/UploadFileDsp.aspx?c_id=5&id=31344&sub_id=2&flid=244918。
5）例えば、神戸市教育委員会は2021年に「学校生活のルールや決まり（校則など）に関するガイドライン」を作成している。https://www.city.kobe.lg.jp/documents/44320/030616_kousoku_guidelines.pdf。
6）例えば、「東京都墨田区　校則の見直しについてのガイドライン」https://www.city.sumida.lg.jp/kosodate_kyouiku/kyouiku/school/oshirase/kousoku-gaidorain-r3.files/kousoku-gaidorain-r3.pdf。
7）「校則の見直し」ガイドラインとして、民間団体が2021年10月に作成したものとして、日本若者協議会「校則見直しガイドライン」がある。「校則の内容は、憲法、法律、子どもの権利条約の範囲を逸脱しない」「校則の見直し・制定は、学校長、教職員、児童生徒、保護者等で構成される校則検討委員会や学校運営協議会等で決定する」「すべての児童・生徒に「合理的配慮」を行い、少数の声に配慮する」「校則はホームページに公開する」「生徒手帳等に、憲法と子どもの権利条約を明記する」の5項目を挙げている。https://drive.google.com/file/d/1cnC3wDjb0bJil2wa06hGH3tM57ViWunH/view。
8）「【中学校】実績報告書（記述回答一覧）令和3年度 校則・生徒指導のあり方の見直し」https://www.city.kumamoto.jp/common/UploadFileDsp.aspx?c_id=5&id=31344&sub_id=14&flid=301377。
9）例えば、東京都教育委員会は、校則の「自己点検」を2021年度に行うように指示している。「『高校生らしい』等、表現があいまいで誤解を招く指導」を、校則の「点検項目」の一つとしている。
10）http://www.kumamoto-kmm.ed.jp/sch/j/futaokajh/files/items/61968/File/R3mousiawasejikou.pdf。

11）　https://www.city.kumamoto.jp/hpKiji/pub/detail.aspx?c_id=5&id=885&e_id=49。
　　二子石雅敬「『校則・生徒指導のあり方の見直し』2年目の取り組み」『週刊教育資料』1687号、2023年、42-43頁。

第 5 章　北海道内公立高校の校則

はじめに

　本章では高校における校則の見直し動向及び内容を分析するが、北海道立高校（中等教育学校を含む）に注目する。北海道に注目する理由は、北海道教育委員会（以下「道教委」）による 2 度の「見直し」の指示が行われていて、かつ校則の地域性を研究するための第一歩として有用と考えるからである[1]。都道府県内に、政令指定都市（札幌市）・中核市（函館市・旭川市）がある一方で、離島・へき地にある高校が多く存在するゆえに、研究対象として適切と考えるからである。本研究では情報公開・提供をうけた212校の北海道立高校の校則（同一校に全日制、定時制の双方がある場合それぞれ一校とカウントする。通信制高校は校則がない場合が多く除外した。）を研究対象とする。

　北海道内の公立高校は19区の学区に分かれている。そのうち石狩学区「札幌市、江別市、千歳市、恵庭市、北広島市、石狩市、当別町、新篠津村」、および人口密度が高い室蘭市、小樽市、旭川市、函館市に所在する高校を加えて（合計68校）、①「都心部」とする。総務省より2021年に過疎関係市町村として「全部過疎」に指定されている地域にある高校（合計85校）を③「過疎部」とする（ただし、人口減少率は高いが人口密度の高い小樽市は除く）。①③に該当しない高校（合計59校）を②「中間部」とする。上記の分類にも従って分析をすすめることとする。

　以下、①北海道内の「校則見直し」動向を分析すること、および②都市部、中間部、過疎部という地域性を含めて校則の現状を明らかにすることを本章の目的とする。

　近年の校則に関する分析研究としては、既に、大阪府内・埼玉県内公立高校の校則について先行研究が存在する[2]。それはあくまでほぼ都市部のみに着目するといえる。

1 「校則見直し」の北海道内における動向

「校則の見直し」に注目が集まったのは1988年に文部省が指示をだした以降の時期（「第一期」とよぶ）がある。1988年の時点では、33の都道府県で校則の実態調査の実施や実施予定があったといわれている[3]。その後、2017年に大阪府内の公立高校で「生まれつき茶髪の生徒が黒染を強要された。」と主張する生徒から訴訟が提起されたこともあり、再び「校則の見直し」が注目されるようになった。見直しの「第二期」と呼ぶ。2021年に文部科学省は事務通知を出すに至っている。

第一期において、道教委は1988年7月に「校則（生徒心得）の見直しの指針[4]」を出している。道教委は資料を作成し、全国的に問題となっていることとして、「細かい部分まで規制し、項目が多岐にわたり、羅列的である」と述べ、具体的には「頭髪は二分刈り以下とする。」「下着は白一色とする」「消しゴムの形状は直方体であること[5]」という「極端な例」を挙げている。なお、道教委の通知前に校則の見直しにとりくんでいた学校も多数あり、その例も紹介されている。

以下のように校則の見直しの指針を述べている[6]。

1 校則は……全教職員の共通理解が不可欠であること。したがって、平素から共通理解を深めるための体制についても配慮が必要であること。
2 見直しに当たっては家庭や地域からの批判や意見に謙虚に耳を傾け、児童や父母等の意見を聞く機会をもつとともに、学校の役割や家庭、地域の役割について理解を求める必要があること。
　また、社会常識に照らした検討も必要であること。
3 見直しにあたっては、具体的に次の観点からの検討が必要と考えられる。
(1)校則（生徒心得）の内容
　ア　絶対守るべきもの
　イ　努力目標というべきもの
　ウ　児童の自主性に任せるもの
(2)校則（生徒心得）の制定手続き

ア　学校の教育計画に基づき定めるもの
　　イ　家庭や地域の意見を聞き、その要望を踏まえた行動様式の定着を目
　　　　指して定めるもの
　　ウ　発達段階に応じ、児童生徒が自主的に目標として掲げるものとして
　　　　定めるもの
　(3)校則（生徒心得）の指導、運用
　　ア　法的効果を伴う懲戒をもって指導しなければならないもの
　　イ　法的効果を伴わない事実行為としての懲戒をもって指導しなければ
　　　　ならないもの
　　ウ　教育相談的教育指導を行い指導するもの
　　エ　児童会、生徒会あるいは学級、ホームルームでの話合いを中心に自
　　　　主的に守るよう進めていくもの。

　(1)に関しては、明らかに文部省の指示をうけてである[7]。しかし、校則の内容をそこでいう「アイウ」にわけた校則は、今回調査した高校にも一つもなかった。それは、全国的動向ともいえる。道内のある中学で校則における「生徒規定」「生徒心得」の混在を問題にしたケースが実践記録としてあるが[8]、少数にとどまった実践である。今日にいたるまで「規則」と「心得」の混在は続いている。そうなった理由としては、「規則」と「心得」の分離は必ずしも明確にできることではないことが考えられる。

　(2)(3)に関しては、これもそのような「分類」をした高校は現在にいたってもみられない。そもそも、校則の改正手続きを校則でさだめている学校は1校にすぎなかった[9]。懲戒、懲戒処分と校則のむすびつきが希薄なのは全国的傾向である。いわば「罪刑法定主義」の観点から問題があるといえる。

　その後、この通知が出された時期において校則にどのように変化したかは今のところ明らかにできる資料を見ることができていない。一例としては、札幌市立柏丘中学校のように校則問題がとりだされる前から、「生徒一人一人の自己教育力を育てる」ことを目指して校則改訂活動を数年にわたって行い、教師、父母、生徒ともに改訂を議論して、新聞でも報道もされたという例もある[10]。しかし、すべての中学にわたってこのような取組が行われたわけではない。一方で、他県の動向をみると「細かすぎる校則」が改善する方向には若干動いているとは推測できる[11]。

「校則の見直し」の第二期においては、2019年12月に道教委より、各市町村教育長、市町村立学校長宛に「校則の積極的な見直しについて（通知）[12]」が出された。そこでは、「これまでも、校則については、学校が教育目的の実現に向けて必要な生徒の行動指針として制定し、適切な運用及び見直しなどの取組を進めているところですが、令和4年度（2022年度）から成年年齢が18歳に引き下げられることを踏まえ、……令和2年度（2020年度）を目途に、法令との関連を踏まえて、校則や校内規定の見直しを図ることが必要」と述べている。そして、「基本的な考え方」としては「校則は、学校が教育目的を達成するために、必要かつ合理的な範囲内において、児童生徒が遵守すべき学習上、生活上の規律として定められるものであること。」と述べている。内容に関しては「校則の内容については、社会通念上合理的と認められる範囲において、学校の専門的、技術的な判断が尊重され、幅広い裁量が認められるとされていること。」と述べたうえで、表5-1の①〜⑥までの内容の項目を示している。見直しの基準としては具体的なものとはいえず、学校の広範な裁量権を強調しているとも受け取れる[13]。運用に関しては、以下の5点を述べている。

(1) 校則に基づき指導を行う場合は、一人一人の児童生徒に応じて適切な指導を行うとともに、児童生徒の内面的な自覚を促し、校則を自分のものとしてとらえ、自主的に守るように指導を行うことが重要であること。

(2) 教員が形式的に規則にとらわれて、規則を守らせることのみの指導になっていないか注意を払う必要があること。

(3) 校則の指導が真に効果を上げるためには、年齢からは法律上可能であっても、学校で生活するに当たり必要なルールがあることなど、その内容や必要性について児童生徒・保護者の間に共通理解をもつことが重要であること。

(4) 入学時等までに、あらかじめ児童生徒・保護者に周知しておく必要があること。その際、校則に反する行為があった場合の対応について、その基準と併せて周知することも重要であること。

(5) 就職が内定した進路決定者が、就職する時期までに必要な運転免許を取得できるようにするなど、円滑に職業生活に入れるよう配慮することが必要であること。

表5-1　2019年12月5日付通知に基づき校則を見直した学校

内容	高校数
①通学に関するもの（登下校の時間、自転車・オートバイの使用等）	20
②校内生活に関するもの（授業時間、給食、環境美化、あいさつ等）	21
③服装、髪型に関するもの（制服や体操着の着用、パーマ・脱色、化粧等）	117
③所持品に関するもの（不要物、スマートフォン・携帯電話、金銭等）	30
④欠席や早退等の手続き、欠席・欠課の扱い、考査に関するもの	24
⑥校外生活に関するもの（交通安全（運転免許取得を含む。）、校外での遊び、アルバイト等）	39
⑦その他	0

出所）北海道教育委員会「道立学校における校則の見直し等の取組状況について」https://www.dokyoi.pref.hokkaido.lg.jp/hk/ssa/77932.html（2022年8月29日最終確認）。

　(1)(2)(4)に関しては、文部科学省『生徒指導提要』（2010年版）を念頭においていることは明らかである。(5)に関して、北海道内においてはその地域性ゆえか、校則が自動車運転免許に関する言及をしているところは多い。自動車免許取得可能となるのは法律上満18歳からであるが、高校独自のルールで制限してよいのかという問題がある。仮にできるとしても全面禁止の是非は問われる。上記(3)は「必要なルール」である場合は制限してよいとの解釈を述べている。その実態については後述する。

　その後2021年9月には全224校（全日制、定時制、中等教育学校の調査結果が公表されている（道教委が調査を行ったのは同年6月14日〜7月21日）。

　問題となりやすい「服装、髪型」については、およそ半分の高校が対応している。同報告書で見直しの事例として「『地毛証明』の届出を廃止した、ツーブロック禁止を見直した、男女制服を廃止し、制服A・Bと選択できるようにした、Yシャツの学校指定をなくした。」が挙げられている。

　2021年4月時点で道教委が把握している状況としては、「ツーブロックの禁止など、頭髪に係る具体的な規定がある学校が33校あり、「見直した学校」が5校、「見直す予定のある学校」が4校、「見直しを検討している学校」が1校である。「『地毛証明』の提出を求めている学校」は42校あり、「入学時などに学年全ての生徒に届出用紙を配付している学校」が12校、「申し出た生徒のみに届出用紙を配付している学校が30校ある。12校のうち「見直す予定がある学校」が3校、30校のうち「見直す予定がある学校」が2校、「見直しを検討し

ている学校」が1校である。「ツーブロック」「地毛証明書」ともに各学校が積極的に検討しているという状況とはいえない。

以下、2021年5月の時点で情報公開請求（提供）によって入手できた「校則」を分析対象とする。通知が出された後に「見直し」がなされた後のものとほぼ判断できるであろう。

2　北海道内公立高校の校則の内容分析（地域性を含めて）

内容の分析にはいるが、注目すべき論点として、上記の通知でも最も見直しが行われた「服装・髪型」について中心に分析軸を定めてみる。対象とした高校の数は、①都心部68、②中間部59、③過疎部85である。なお、定時制で校則が入手できたのは、①都市部9、②中間部9、③過疎部2であった。

（1）服装について
① 制服について

制服の規定のない学校は①15校②13校③3校であった。合計31校のうち、20校は定時制である。定時制の高校はいずれも制服がない。全日制で制服の定めのない学校はわずかにある程度であり、なかには「本校には……昭和48年から制服が自由化された経緯がある」（旭川市）と述べるところもある。[16]

② スカート丈記述について

制服を定める学校ではスカート丈に関しては多くの学校で「膝が隠れる程度」などの記述があるが、①43校（81％）、②38校（82％）、③64校（78％）といずれも高い比率で規定が存在した。キュロットスカートを認めているところもわずかながらあった。なお、男子ズボンに関しては「ボンタン」「ラッパ」などの規制がいまだに校則に残っているところも存在した程度である。

③ セーター、カーデガン、ニットベストについて（表5-2）

制服を指定している学校のうち、学生服の下に防寒用などに着用するセーター、カーデガン、ニットベストについては①学校で指定のもの、②黒、茶、白、グレーなどの色の指定があるところ、③規定なしのところ、が存在した。なお、校則に「規定なし」とある場合は、自由に着用してもよい場合、指定の

表 5-2　校則とセーター、カーデガン、ベスト（ニットベスト）

	①都心部	②中間部	③過疎部	合計
学校が指定のものを着用	30 (56%)	19 (41%)	38 (46%)	86 (48%)
指定の色のものを着用	11 (20%)	15 (33%)	14 (17%)	40 (22%)
規定なし	13 (24%)	12 (36%)	30 (37%)	55 (30%)

出所）筆者作成。

ベストはあるがセーターなどを自由に着用してよい場合、着用が許されていない場合、校則以外にルールがある場合などが考えられる。都心部のほうに規定が多いという結果にはなった。

④ **女子スラックスについて**
　制服を定めている学校で女子にスカートのほかスラックスを着用可能としている学校は①19校（36%）②24校（52%）③35校（43%）であった。都市部より中間部・過疎部のほうが比率が高いのは通学距離が長く、寒冷対策が必要であるからと考えられる。なお、女子もスラックスが制服であり5月〜11月はスカート着用も可としている高校もある（浦河町）。

⑤ **靴下について**
　制服を定めている学校で靴下の色の規定のある学校は①40校（75%）、②30校（65%）、③56校（68%）といずれも比率が高い。なお、上記には女子のみ色指定（女子は紺色ハイソックスなど）という場合も含む。スラックスを着用していると靴下の色は第三者からすぐには通常判別できない。男女で色の指定が異なるところもあった。靴下の形状については「ルーズソックス禁止」が数校ある程度であった。古い規定が残存していると考えられる。

（2）**頭髪・髪型について（表5-3）**
　頭髪規定に関しては、定時制高校を中心に全く規定していないところもある。「染髪・パーマのみ禁止」としていることが多い。「染髪・パーマ」に関しては過疎地のほうが規定がある場合が多い。染色の規定があるところは脱色も同時に禁止している。「茶髪の禁止」が書かれているところは数校ある。「生まれつき茶髪」の生徒への配慮に欠けるとも受け取れる。校則で「地毛証明書」の提

表5-3　校則と頭髪・髪型

	①都市部	②中間部	③過疎部	合計
染髪・規定あり	49 (72%)	45 (76%)	77 (91%)	171 (81%)
パーマ・規定あり	47 (69%)	43 (73%)	76 (89%)	166 (78%)
頭髪の長さに関する文言あり	25 (37%)	14 (24%)	20 (24%)	59 (28%)
リボン・ゴム・髪飾りなどに関する文言あり	14 (21%)	10 (17%)	14 (16%)	38 (18%)
特定の髪型禁止	14 (21%)	10 (17%)	23 (27%)	47 (22%)
ツーブロック禁止に言及	5 (7%)	6 (10%)	11 (13%)	22 (10%)
校則に「高校生らしい」の文言	14 (21%)	13 (22%)	21 (25%)	49 (23%)

出所）筆者作成。

出を求めるところはある。パーマについても多くの学校が禁止しているが、他にパーマに加えてはウェーブ、カールの禁止やエクステの禁止について書かれているところもある。染髪・パーマとも過疎部のほうが禁止規定をおいている学校が多い。

「眉・耳・肩にかかる」頭髪を禁止するなど、「長さ」（男子のみ長髪禁止の場合を含む）、および「女子のヘアピン・リボンなどは華美なものは避ける」（北広島市）などの「リボン・ゴム・髪飾り」に関する規定（華美でないもの、あるいは黒、紺、茶など色指定といった規定が多い）などのいわゆる「細かすぎる規定」は、むしろ都心部に多いことがわかる。「受験・面接を受ける際に、ふさわしくないと判断される頭髪」とするところも散見される。他に、「髭を伸ばしたりしない」「眉毛に手を加えない」は、散見される。茶髪・パーマの禁止は当然であり、さらなる禁止規定をおいていると考えられる。都市部のほうが学校選択の余地が高いゆえに、「生徒指導」を大切にしているかのように標榜する高校があるということとも考えられる。

「特定の髪型」を禁止することに言及するものは全体の2割程度、そのうち報告書でも言及されている「ツーブロック」は1割程度であるが規定が残っている。他に、「モヒカン」「左右非対称」「リーゼント」などが散見された。「周囲に威圧感や不快感をあたえる」可能性があるものが禁止されていると思われるが、ツーブロックは必ずしもそうでないという見方がある。なお、「ポニーテール」禁止は皆無であった。

頭髪は「高校生らしい」ものにという言い方をしているところは2割程度である。概括的にそう言っているだけならともかく、「なにが高校生らしいのか」

表5-4　校則と校内生活

	①都市部	②中間部	③過疎部	合計
化粧・規定あり	46（68%）	37（63%）	71（84%）	154（73%）
装飾品・規定あり	45（66%）	37（63%）	77（91%）	189（89%）
不要物持ち込みに関する規定あり	22（32%）	20（34%）	34（40%）	76（36%）
金銭持ち込みに関する規定あり	15（22%）	17（29%）	24（28%）	56（26%）
携帯・スマホに関する規定あり	21（31%）	23（39%）	35（41%）	79（37%）

出所）筆者作成。

という解釈をめぐってトラブルになる可能性はある。教師が「高校生らしくない」といえば、それで校則違反とみなされるとすれば、生徒が納得できるとは限らない。他に概括的規定としては、「清潔」「端正」「品位を保つ」などが見られた。

（3）校内生活について（表5-4）

　学校内における化粧の禁止規定、装飾品（ネックレス、ピアス、指輪など）の禁止規定については多くの学校でおかれている。

　不要物に関しては、「校内生活に不必要なものは持参しないこと」（北広島市）などと定められる場合、および「ライター・ゲーム機など」（江別市）、「学習にふさわしくない物　例トランプ・花札・雑誌・マンガ・飴・ガム・お菓子など）」（中標津町）など、具体化までされている場合がある。なにが「不必要」であるのかが必ずしも明らかでないという問題はある。

　金銭に関しても、「多額の金銭」は持参しないこと、などとある。携帯・スマホに関しては、「校内では電源はきること」「授業中は電源をきること」という場合のほか、「本人の同意なく他人の顔や身体の画像、動画の撮影をしてはいけない。」「他人の画像や個人情報をネット上……に書き込むことは重大な犯罪であること」（新十津川町）と詳細な規定がある場合もある。

　携帯・スマホに関しては、教室内持ち込み、電源をいれる場所などの規定などがある。化粧・装飾品に関しては過疎部の学校に規定がある割合が高い。不要物、金銭、携帯（スマホ）に関しては、いずれも都心部より中間部・過疎部のほうが規定のある比率が高い。

(4) 校外生活について（表5-5）

① 夜間外出

多くの学校で「21時まで」あるいは「22時までに帰宅すること」という時間制限を設けている。「盆・正月・祭りのとき以外は21時まで」という場合もある。規定の有無に関して、地域差はほとんどない。

② 禁止場所（バー・スナック）

「パチンコ店、ゲームセンター、居酒屋、スナック、ダンスホール、雀荘」など禁止場所が指定されている場合がある。「高校生としてのぞましくないところには立ち入らないこと」（札幌市）など、どこが「のぞましくないところ」なのかが曖昧とおもわれることがある。地域差は中間部がすこし低いかのように思われる。

③ 旅行届

旅行時には届出を出すという規定がおかれているところがあるほか、外泊（知人宅などを含む）の禁止規定がおかれる場合がある。別に「登山、キャンプ」などに届け出を求める場合もある。「1泊以上の旅行は、保護者または、それに準ずる引率者を必要とし、計画については、事前に届けでて、指導を受ける」（江別市）まで要求しているところもある。「保護者の同意」のみを求めるところはある。校外のことにまで学校の許可は必要なのかという問題があるが都市部のほうがむしろ多く、3分の1程度の学校に規定がある。都市部の生徒のほうが生徒で旅行を企画することが多い、とも考えられる。

他に「外出時は本校生徒としての自覚を持ち」などと、所属意識をうながしているところもある。「身分証明書の携帯」を求めているところもある。「北海道青少年［健全］育成条例により青少年の出入りを禁じている場所」[17]（枝幸町）と書かれている場合もある。同条例は「知事は、興行の内容が著しく粗暴性を助長し、性的感情を刺激し、又は道義心を傷つけるもの等であって、青少年の健全な育成を害するおそれがあると認めるときは、その興行内容の全部又は一部を指定し、興行者に対し、これを青少年に観覧させることを禁止することができる。」「深夜における興行場等への立入りの禁止」などを定めている。

④ アルバイト

　アルバイトに関して、「届出または許可制」「禁止」「規定なし」の場合がある。禁止規定をおいているのは都市部の学校にわずかにあるのみであった。多くの学校で高校生および保護者の経済状況を反映して全面禁止はできないとの判断かと思われる。規定なしは、定時制高校に多かった。現在も就業しながら通学する生徒が比較的多い以上、規定をおく必要はないという判断であろう。全日制の場合は、校則以外のルールで許可または届出が求められている可能性がある。

　時期に関しては、「夜9時までに帰宅できること」あるいは、「土日、長期休業期間のみ」「長期休暇中は週3日以内」などという時間制限がなされている場合がある。「定期考査前1週間から終了までは禁止。ただし新聞配達はこの限りではない。」となる場合もある。「1年生の1学期の間は禁止」と学校に慣れるまでの規定をおいているところもある。

　内容制限に関しては、「酒類を主として取り扱う飲食店」「車両（荷台）に乗る業務など、危険を伴う業務」などの規定がある。「評定に『1』及び欠席時数が2割を超える教科がないこと」など成績等の要件が付く場合がある。「服装・頭髪で校則違反し、学校生活に問題があること」（長万部町）が要件になることもある。服装・頭髪規制違反の罰則として「アルバイト禁止」があるのだとすれば「筋違い」ではないだろうか。アルバイトの時間・内容制限ともに、過疎地のほうが多い。「経済的事情」があるときのみアルバイトを許可するところも少数ながらある。その規制は都市部に多い。

⑤ 自動車免許

　校則に自動車免許に関する規定が多くみられることは、日常生活に自動車の必要性の高い北海道内の事情を示しているといえる。

　期間制限としては、「入校は3年生の10月1日以降」「3年次の前期期末考査終了日以降」「家庭学習期にはいってから」「試験1週間前から試験終了までをのぞく」などとある。「卒業年度終了まで運転しないこと」「取得した免許は保護者が預かること」という条件を守ることが課せられる場合もある。

　成績等要件としては、「進路が決定していること」、「評定「1」の科目がないこと」「欠課時数がすべて15パーセント以下」という条件がつくが場合がある。「学業不振でない者」「出席状況が良好なもの」など判断基準が必ずしも明

表5-5　校則と校外生活

	①都市部	②中間部	③過疎部	合計
夜間外出・規定あり	54 (79%)	41 (69%)	69 (81%)	164 (77%)
外出禁止場所・規定あり	52 (76%)	44 (75%)	62 (73%)	158 (75%)
旅行届・規定あり	22 (32%)	14 (24%)	20 (24%)	56 (26%)
アルバイトの届出・許可規定あり	55 (81%)	48 (81%)	78 (92%)	181 (85%)
アルバイトの禁止規定あり	3 (4%)	0 (0%)	0 (0%)	3 (1%)
アルバイトの規定なし	10 (15%)	11 (19%)	7 (8%)	28 (13%)
アルバイトの時間制限あり	36 (53%)	38 (64%)	67 (79%)	141 (67%)
アルバイトの内容制限あり	36 (53%)	39 (66%)	63 (74%)	138 (65%)
アルバイトの成績などによる制限あり	22 (32%)	24 (41%)	38 (45%)	84 (40%)
許可に関して「経済的理由」への言及あり	17 (25%)	8 (14%)	13 (15%)	38 (18%)
自動車免許取得の届出・許可規定あり	55 (81%)	52 (88%)	82 (96%)	189 (89%)
自動車免許取得禁止規定あり	4 (6%)	0 (0%)	0 (0%)	4 (2%)
自動車免許の規定なし	9 (13%)	7 (12%)	3 (4%)	19 (9%)
自動車免許・期間制限あり	39 (57%)	45 (76%)	69 (81%)	153 (72%)
自動車免許・成績等制限あり	20 (29%)	35 (59%)	52 (61%)	107 (50%)

出所）筆者作成。

確でない場合がある。「企業が採用にあたって、免許取得を要求している場合」という場合や、「保護者の同意」を求める高校もある。

　期間制限、成績等要件ともに過疎部のほうが、規定がある比率が高い。

　なお、原付については、原付通学を認めているところもある。自動車免許の取得は認めるが、原付、二輪免許取得は一切禁止というところは多い。原付、二輪車のほうが法律上は16歳から免許取得が可能であり、運転に必要な判断能力が身に着く年齢は低いとされているはずである。

まとめにかえて

　北海道教委により、2019年から見直しを求める通知がだされ、一定の「見直し」が行われている。通知はあくまで「強制的」なものではなく、校則の内容をどう決定するかは校長の判断となる。最も問題となりやすい「服装・髪型」について一定の「見直し」動向が存在することはあるが、「地毛証明書」の提出を求めるところもあり、服装に関する細かな規制も依然として存在する。

2019年に道教委が見直すべきと指示した「規則を守らせることのみの指導」となりかねない。また、「校則に反する行為があった場合の対応について、その基準と併せて周知することも重要であること」という指示には、校則の文面を見る限りほぼ対応がされていない。校則違反と懲戒、懲戒処分の関係を明確でないままであり、それでは恣意的な対応が発生する可能性がある。現在のところ、2019年の通知に基づいた「見直し」は未だ不十分な段階にあり問題は残っていると評価せざるをえないであろう。教育現場の多忙化のなか、「見直し」以外に優先させなければいけない事項が多く致し方ないとも考えられる。

校則の動向について、地域性を含めて検討してきた。都市部と過疎部では、過疎部のほうが「保守的」ではないかと筆者は当初仮説をたてていた。確かに、染髪やパーマの禁止、化粧や装飾品の持ち込みに関する規定は、過疎部の数値が高いことをデータは示している。一方で、女子生徒にスラックス着用を認めるところは中間部、過疎部のほうが多かった。中間部・過疎部のほうが通学距離が長くなるゆえに冬季の寒冷対策を考えてかとも思われる。

しかし、「頭髪の長さ」「リボン・ゴム・髪飾り（の色や形状の指定）」といったいわゆる「細かすぎる校則」は都市部のほうが多く存在する。都市部のほうが、生徒にとって高校受験時に選択肢が多い。過疎部では事実上の小学区制となっていることもありうる。都市部の学校のほうが他校との比較にさらされやすく「学校の評判を気にする」「保護者からの支持をうけられるか」を気にするために、ということが考えられる。

校外生活に関する校則について、「アルバイトの届出、時間制限、内容制限」「自動車免許の規定、期間制限、成績等制限」はいずれも過疎部のほうが規定がある比率が高くなる。「旅行届」だけは都市部のほうが企画する生徒が多いせいか、頻出する。北海道の校則は、大阪府と比べて校外生活の規定がかなり多い。[18] 自動車免許の必要性が北海道のほうが高いことは容易に推測できるが、それ以外の面でも校外生活への介入が多いということがいえる。

付　記

　本章執筆の資料収集あたって、神谷航平さん（群馬県内在住、当時高校生）の協力を得ました。記して感謝申し上げます。（2024年7月記）

注
1 ） なお、約30年前の時点でのものであるが、校則の地域性について研究した先行研究としては、坂本秀夫『生徒規則マニュアル』ぎょうせい、1987年、がある。坂本の研究は県別による特徴に言及している。現時点ではまた異なる状況があることは言うまでもない。
2 ） 大津尚志「大阪府内公立高校の校則」『校則を考える』晃洋書房、2021年、67-86頁、田中祐児、岡田有真、荒木真歩、本田由紀「埼玉県立高等学校における校則のテキスト分析」『東京大学大学院教育学研究科紀要』2022年、61、419-436頁。
3 ）「第1期」における校則に関する議論、見直し動向などについて、北海道教育実践研究会編『校則について考える』北海教育評論社、1989年。
4 ） 北海道教育委員会編『自律する心を育てるために』北海道教育委員会、1989年。
5 ） 前掲、3頁。
6 ） 前掲、45-46頁。
7 ）「初等中等局長あいさつ要旨」（1988年4月25日）文部科学省初等中等局児童生徒課。『生徒指導上の諸問題の現状と文部科学省の施策について』2002年、317-318頁。
8 ） 北海道教育委員会編、前掲、22-28頁。
9 ） 校則の改訂規定があるのは、今回の調査では「学校、生徒いずれか双方が、この心得・校則の改正の必要を認めた場合（生徒の場合は50名以上の署名を必要とする）には、生徒会執行部及び生徒指導部に署名用紙を提出し、すみやかに改正に関する話し合いを行わなければならない。」（滝川市）とある1校のみであった。
10） 『柏丘中学校憲章の定着をめざして（昭和63年度版、平成元年度版）』札幌市立柏丘中学校、1989年、1990年、『憲章萌ゆ（平成2年度）』、札幌市立柏丘中学校、1991年。
11） 大津尚志「校則に関する調査」『校則を考える』晃洋書房、2021年、39-49頁。
12） 北海道教育長通知 http://www.s-shido.hokkaido-c.ed.jp/R01tuuchi_01/R11205-no752-2.pdf（2022年8月29日最終確認）。
13） 例えば、神戸市教育委員会の「校則見直し」のガイドライン（2021年6月、https://www.city.kobe.lg.jp/documents/44320/030616_kousoku_guidelines.pdf（2022年8月29日最終確認））では、①さまざまな文化や性の多様性への配慮がないもの、②健康上の配慮がないもの、③その他合理的な説明が難しいと思われるもの、と基準を示している。
14） 文部科学省『生徒指導提要』教育図書、2010年、192-193頁。
15） 公立高校においてバイク免許取得が問題となったケースは高知バイク事件がある。参照、大津尚志、前掲、注2、57-60頁。
16） 高校紛争の影響と考えられる。大津尚志「校則の歴史 戦後」『校則を考える』晃洋書房、2021年、25-38頁。
17） 原文ママ。[ ] 内は筆者による。
18） 参照、大津尚志、前掲、注2、77-79頁。

第6章　校則に関する最近の判例

　1980年代の熊本丸刈り事件に端を発する「校則裁判」は、これまで丸刈り、制服（標準服）着用、バイク、パーマなどを論点として提起されてきた。これまでの校則裁判の判例を一覧にすると**表6-1**のとおりとなる。

表6-1　「校則裁判」一覧

事件名	判決	争われた校則	請求	結論
①熊本丸刈り事件（公立）	熊本地判昭60・11・13判時1174-48	中：丸刈り校則	校則無効確認 損害賠償請求	却下 請求棄却
②京都標準服事件（公立）	京都地判昭61・7・10判例地方自治31-50	中：標準服校則等	校則無効確認 標準服着用義務不存在確認	却下
③千葉制服事件（公立）	千葉地判平1・3・13判時1331-63 東京高判平1・7・19判時1331-61 最判平成3・9・3 判例集未登載	中：制服校則	損害賠償請求	請求棄却 控訴棄却 上告棄却
④兵庫丸刈り事件（公立）	神戸地判平6・4・27判タ868-159 大阪高判平6・11・29判例集未登載 最一判平8・2・22判時1560-72	中：丸刈り校則	校則無効確認	却下 控訴棄却 上告棄却
⑤千葉バイク退学事件（私立）	千葉地判昭62・10・30判時1266-81 東京高判平1・3・1判例集未登載 最三判平成3・9・3判時1401-56	高：バイク三ない校則	損害賠償請求	請求棄却 控訴棄却 上告棄却
⑥高知バイク事件（公立）	高知地判昭63・6・6判時1295-50 高松高判平2・2・19判時1362-44	高：バイク三ない校則	損害賠償請求	請求棄却

事件名	判決	争われた校則	請求	結論
⑦修徳高バイク退学事件（私立）	東京地判平3・5・27判時1387-25 東京高判平4・3・19判時1417-40	高：バイク三ない校則	損害賠償請求	請求一部認容（108万円）
⑧修徳高パーマ退学事件（私立）	東京地判平3・6・21判時1388-3 東京高判平4・10・30判時1443-30 最一判平8・7・18判時1599-53	高：パーマ禁止校則、運転免許取得禁止校則	卒業認定請求 損害賠償請求	請求棄却 控訴棄却 上告棄却
⑨大阪喫煙退学事件（私立）	大阪地判平3・6・28判時1406-60	高：喫煙処罰校則等	退学処分無効確認	請求棄却
⑩生駒市立中学染色事件（公立）	大阪地判平23・3・28判時2143-105 大阪高判平23・10・18季教177-56	中：染髪行為禁止校則	損害賠償請求	請求棄却 控訴棄却
⑪大阪府立高校黒染事件（公立）	大阪地判令3・2・16判時2494-51 大阪高判令3・10・28判時2525-328 最二判令4・6・15 判例集未登載	高：染髪行為禁止校則	損害賠償請求	請求一部認容 控訴棄却 上告棄却
⑫東京都男女交際事件（私立）	東京地判令4・11・30 裁判所ウェブサイト	高：男女交際禁止校則	損害賠償請求	請求一部認容（98万円）

出所）市川須美子『学校教育裁判と教育法』（三省堂、2007年、144頁）をもとに筆者作成。

本章では、最近の判例として⑪の主として地裁判決、および⑫をとりあげる。

1　大阪府公立高校黒染事件について

本件は、髪色を黒染するようにという指導を繰り返され、高校2年次から不登校となり、文化祭や修学旅行への参加もできなかった生徒が精神的苦痛などを訴えて出訴したケースである。大阪地裁判決（令和3年2月16日）では原告の一部勝訴となったが、校則に関する原告の主張はしりぞけられた。同ケースは控訴審（令和3年10月28日）でも原告の敗訴におわり、上告審（令和4年6月15日）では棄却・却下が決定された。

訴訟が提起されたころには「生まれつき茶髪」の生徒に黒染を強要したこと、注意の頻度も頻繁であり頭髪の健康にかかわる状態であったことが報道されていたが、「本件高校の教員らは、中学校における頭髪指導の経過や本件高校における頭髪検査の結果等といった合理的な根拠に基づいて、原告の生来の色は黒色であると認識していたことが認められる」という事実認定がなされ、黒染を強要されたという事件ではなくなった。黒染の指導が繰り返し強要されたという主張に関しても、「8月22日から9月6日までの間、原告の頭髪の色の状態にはほとんど変化がなかったから頭髪指導を継続した旨の、証人F、同J、同Hの各供述には信用性があるというべきである。」ということから、問題とされなくなった。（大阪地裁、令和3年2月16日、なお証人F、J、Hはいずれも当該生徒が在籍していた高校の教諭である）。

なお、本事件の代理人弁護士は、当該生徒が2年生の2学期に不登校となってから間もなく学校と交渉をおこなっていた。彼によるとその「交渉段階」と、訴訟を提起してからの「訴訟段階」では、被告側の主張は生徒の地毛は「茶色であると理解している」から「黒色なのに茶色に染色等した」にかわったことをはじめとして、大きな変化を生じさせていた。

判決後の報道はそれまでに比べて大きなものではなくなった。事実認定の是非については、ここで主たる研究対象とするところではない。

（1）地裁判決要旨（令和3年2月16日）

……原告が、本件高校の教員らから、頭髪指導として、繰り返し頭髪を黒く染めるよう強要され、授業等への出席を禁じられるなどしたことから不登校となり、さらに不登校となった後も名列表（点呼等に用いられる生徒名簿）から原告の氏名を削除され、教室から原告の机と椅子……を撤去されるなど不適切な措置を受けたために、著しい精神的苦痛を受けるなどの損害を受けた旨主張して、被告に対し、国家賠償法1条1項又は債務不履行（在学法律関係上の安全配慮義務違反）に基づく損害賠償として、226万4948円……の支払いを求める事案である。……

本件高校が生徒に交付している生徒手帳及び保護者に配布している『入学生徒の手引き』と題する冊子には、生徒心得として、『頭髪は清潔な印象を与えるよう心がけること。ジェル等の使用やツーブロック等特異な髪型やパーマ・染髪・脱色・エクステは禁止する。また、アイロンやドライヤー等による変色

も禁止する。カチューシャ、ヘアバンド等も禁止する。』との記載がある。……

　本件高校では、頭髪検査の結果、本件校則に違反していることが認められた時は、原則として、4日以内に手直し（地毛の色に染め戻すこと）をしなければならないこととされ、それがされない場合や不十分な場合は、さらに4日以内に手直しをしなければならないこととされている。また、染髪した髪を地毛の色に染め戻しても、色落ちした場合で、それが看過できないような状態にあると認められたときは、再度、地毛の色に染め戻すよう指導することとされている（以下「本件指導方針」という。）。本件指導方針は、生徒の入学時や頭髪検査実施時などにおいて、生徒に対し、説明がされている。……

　本件高校の教員らは、平成27年3月末頃、本件高校への入学を控え、生徒証に貼付する写真を撮影するために本件高校に来校した原告に対し、頭髪を黒く染めるよう指導した。また、原告は、平成27年4月に本件高校に入学した後も、H教諭をはじめとする複数の教員から、複数回にわたり、頭髪を黒く染めるよう指導を受けた。原告は、上記各指導の後、いずれも指導に従って頭髪を黒色に染めていた。……

　原告は、平成28年4月、2年生に進級したが、その後も、複数の教員らから頭髪を黒く染めるよう指導を受け、最終的に頭髪を黒く染めていた。原告は、同年7月に行われた一学期の終業式の際、頭髪を黒く染めるよう指導を受けたが、夏休み期間中の同月27日、頭髪を明るい茶色に染めて登校し、H教諭から、数日中に頭髪を黒く染めるよう指導を受けた。

　原告は、同年8月22日の始業式の日、頭髪を染め直して登校したが、複数の教員から、染め戻しが不十分であるとして、頭髪を黒く染めて登校するよう指導を受け、さらに、同月26日、同月30日にも同様の指導を受けた。さらに、原告は、同年9月6日及び8日、F主任らから指導を受けた際、頭髪指導に従わないのであれば、別室指導となり、普通に教室で授業を受けたり、他の友人と共に文化祭に参加したりすることはできない旨告げられ、帰宅した。……

　原告は、平成28年9月9日以降、本件高校に登校していない。……原告及びその母は、平成28年9月21日頃以降、本件高校に対し、原告訴訟代理人弁護士（以下「原告代理人」という。）を通じて本件高校における原告に対する頭髪指導に抗議するとともに、頭髪指導によって原告が登校できなくなっているとして環境の改善を求め、以降、原告の母親及び原告代理人と本件高校の教員らとは繰

り返し意見を交換し、原告の登校について協議するなどした。……

　本件高校は、平成28年10月頃以降、原告に対して課題を交付し、原告が３年生に進級するための出席の代替措置を講じた。原告は、これらの課題を達成し、平成29年４月、３年生に進級した。……

　本件高校は、原告が３年生に進級した後、原告に対して生徒証を交付し、３年５組で出席番号が32番である旨告げた。当時、実際には、３年５組の出席番号32番には他の生徒が在席しており、教室に原告席は配置されておらず、名列表には原告の氏名が記載されていなかったが、これらの事実は原告や原告の母には伝えられなかった。……

　原告、原告の母及び原告代理人は、平成29年６月15日、事前に本件高校の校長に連絡をしたうえ、登校回復に向けて教員との面談を行うために本件高校を訪れた。その際、原告は、本件高校の玄関に設置されていた名列表の３年生の欄に原告の氏名の記載がなく、教室にも原告席が設置されていないことを認識した。……

　原告は、生徒が頭髪の色を含む髪型をどのようなものにするかを決定する自由は、憲法13条により保障される人格権ないし自己決定権に含まれるから、校則等で染髪を禁止することが正当化されるのは、当該校則が教育目的により制定され、当該頭髪規制をとらなければならない必要性、相当性が認められるなどの一定の場合に限られる旨主張する。

　しかし、本件高校は、学校教育法上の高等学校として設立されたものであり法律上格別な規定がない場合であっても、その設置目的を達成するために必要な事項を校則等によって一方的に制定し、これによって生徒を規律する包括的権能を有しており、生徒においても、当該学校において教育を受ける限り、かかる規律に服することを義務付けられるものと認められる。そうすると、生徒が頭髪の色を含む髪型をどのようなものにするかを決定する自由についても、上記規律との関係に一定の制約を受けることになる。そして、このような包括的権能に基づき、具体的に生徒のいかなる行動についてどの範囲でどの程度の規制を加えるかは、各学校の理念、教育方針及び実情等によって自ずから異なるのであるから、本件高校には、校則等の制定について、上記の包括的権能に基づく裁量が認められ、校則等が学校教育に係る正当な目的のために定められたものであってその内容が社会通念に照らして合理的なものである場合には、裁量の範囲内のものとして違法とはいえないと解するのが相当である。……

本件高校は、……開校した平成21年4月の当時、問題行動に走る生徒が多く、その改善が求められていた状況にあったこと、本件高校は、頭髪や服装の乱れが生徒の問題行動に発展する可能性があることから頭髪や服装等に対する力を入れてきたこと、本件校則は、華美な頭髪、服装等を制限することで生徒に対して学習や運動等に注力させ、非行行動を防止するという目的から定められたものであること、本件校則における頭髪規制の内容は、特異な髪型やパーマ・染髪・脱色・エクステ等を禁止するものであることが認められる。

　このような、本件高校の開校当時の状況や生徒指導の方針等からすれば、華美な頭髪、服装等を制限することで生徒に対して学習や運動に注力させ、非行行動を防止するという目的は、学校教育法等の目的に照らしても正当な教育目的であると言い得るし、一定の規範を定めてその枠内において生徒としての活動を推進させることにより、学習や運動等に注力させるという手法は一定の合理性を有すると言い得る。また、本件校則における頭髪規制の内容は、染髪、染色、脱色及び一部の特異な髪型を規定するにとどまるものであって、その制約は一定の範囲にとどまっている。そして、中学校以下の学校教育の場合とは異なり、生徒は自ら高等学校の定める規律に服することを前提として受験する学校を選択し、自己の教育を付託するのであるから、当該学校に在籍する期間に限って本件校則のような制約を生徒に課すとしても、その事が生徒に過度な負担を課すものとはいえず、それが社会通念に反するものとはいえない。

　以上のような諸点に鑑みれば、本件校則における頭髪規制は、正当な教育目的のために定められたものであって、その規制の内容についても社会通念に照らして合理的なものと言い得る。……

　一般的には、時代の変遷にともない茶髪に対する社会一般の認識に変化が生じているといった事情が認められるとしても、その事は、直ちに本件校則の目的の正当性、内容の合理性に対する判断を左右するものではないし、平成Y年4月に本件校則が制定された後、原告が本件高校に入学した平成27年4月までの間に、社会一般の認識の変化によって、上記頭髪規制の内容が著しく合理性を欠くに至ったものと認めるに足りる的確な証拠もない。……

　染髪した髪を地毛の色に染め戻しても、色落ちした場合で、それが看過できないような状態にあると認められたときは、再度、地毛の色に染め戻すよう指導することとされていることは、本件校則の目的を達成するための指導方針として、社会通念上も合理性のあるものと認められる。……

原告は、原告の頭髪の色は生来茶色であり、本件高校の教員らもそのことを認識していたうえ、本件高校に入学してから２年生の一学期終了までの間、頭髪指導に従って頭髪を黒く染めた以外には染髪したことはなく頭髪の色が変化したのは黒く染めた頭髪が色落ちしていただけであって校則違反はしていなかったにもかかわらず、本件高校の教員らが原告に対して黒染めを強要したことは違法である旨主張する。……
　原告は、その頭髪の色が中学２年生の夏休み明け頃から茶色になり、中学３年生の時に頭髪指導を受けて頭髪を黒く染めたという中学校における頭髪指導の経過を確認していたこと、本件高校においても、F主任、J教諭、H教諭という複数の教諭が頭髪検査の際に、原告の頭髪の色は根元部分が黒色であったことを直接見て確認したことが認められ、本件高校の教員らは、中学校における頭髪指導の経過や本件高校における頭髪検査の結果等といった合理的な根拠に基づいて、原告の生来の色は黒色であると認識していたことが認められる。
　本件高校の教員らが黒染めを強要したと評価することはできず、頭髪指導の目的、態様、方法、程度が本件高校の教員らの有する教育的指導における裁量の範囲を逸脱していたということはできない。……
　そうすると、２年生の一学期終了までの間は原告が頭髪を染めておらず、黒染めした頭髪が色落ちしただけであったとの原告の主張を前提としても、本件高校の教員らは、原告の生来の頭髪の色が黒色であると合理的な根拠に基づいて認識した上で、原告に対し、本件指導方針に基づき頭髪指導を行っていること、原告も頭髪指導に任意に従っていること、頭髪指導の態様や方法も原告の態度や姿勢に応じた柔軟なものであったことなどの事情からすれば、本件高校における２年生の一学期終了までの間の原告に対する頭髪指導につき、その目的、態様、方法、程度において本件高校の教員らの有する教育的指導における裁量の範囲を逸脱した違法があったということはできない。
　３年生の名列表に原告の氏名を記載せず、教室に席を置かなかった行為について……本件高校の校長や教員らは、本件措置を取ったこと自体を原告、原告の母及び原告代理人に何ら説明しなかった上、本件措置が原告らに偶然発覚した後も、本件措置を取った理由が被告の上記主張のとおりであることについて本件訴訟に至るまで説明しなかったことが認められる。……Ｄ校長は、本件措置を５か月にわたって継続し、大阪府教育庁からの指導を受けてようやく本件措置を取りやめた経過が認められるのであって、本件高校の校長や教員らが、

本件措置が原告の意思に明確に反することを認識しながら、あえて本件措置を継続した経過に鑑みても、本件措置が、不登校の状態にあった原告の心情に配慮してされたものとは言い難く、真に原告の登校回復に向けた教育環境を整える目的をもってされたものであったと評価することはできない。

　上記の結論として、校則にかかわることにまったく違法性はないとし、不登校状態にいるときに、「本件措置は、原告が当該クラスや本件高校に在籍していないかのような外観を生じさせたものである」ことに関しては、精神的苦痛の慰謝を認め、被告に30万円と、相当因果関係にある弁護士費用3万円の支払いを命じた。

（2）争点の検討
① 校則の法的性質・公立学校における校則の制定権と内容の範囲について
　「本件高校は、学校教育法上の高等学校として設立されたものであり法律上格別の規定がない場合であっても、その設置目的を達成するために必要な事項を校則等によって一方的に制定し、これによって生徒を規律する包括的権能を有しており、生徒においても、当該学校において教育を受ける限り、かかる規律に服することを義務付けられるものと認められる。」本判例では校則の制定権は校長にあるとは明言しなかったが、学校に「包括的権能」があると広範囲な制定権を認めている。

なお、校則の法的性質については「生活指導規準説」として、教員が指導するための基準であり生徒に強制力はない、という見解と、強制力を認める見解とがある。いずれにせよ、校則に定めるべき内容を無制限とする見解はない。本判例では、「校則等が学校教育に係る正当な目的のために定められたものであって、その内容が社会通念に照らして合理的なものである場合には、裁量の範囲内のものとして違法とはいえないと解するのが相当である。」と述べている。本ケースは原告が法的な懲戒処分をうけたケースではないが、強制力があるという前提で議論されているといってよいであろう。

　裁量の範囲内においては「包括的根拠」が存在するというが、その根拠が挙げられてはいない。「法治主義は……公共施設の内部における利用者の行動（例えばビラまき）を管理者が統制する場面までは及ばない。」、と憲法学者は述べるが、学校においても例えば教材費の徴収にも法治主義が必要かというとそ

うではないであろう。公共施設の側に、独自のルールを設定・運用する権限は認められる[6]。しかし、その権限の範囲はもちろん無制限ではない。

これまで、熊本丸刈り校則事件（熊本地裁、昭和60年11月13日）では「内容が著しく不合理でない限り」[7]、高知バイク事件（高知地裁、昭和63年6月6日）では「学校の設置目的を達成するのに必要な範囲を逸脱し著しく不合理である場合には、行政立法として無効になると考えられる」[8]と述べられた。それは学校の教育機関としての専門性を尊重したということであろう。このことを鑑みると、不合理性が著しい程度に達するまでは受忍せよ、とは言っていない点では校則の制定権の範囲を狭めたものといえる。しかし、その後の議論の展開をみると、事実上広範な範囲の権限を認めていることには変化がないという問題がある。

② 頭髪と人権（憲法が保障する権利）について

頭髪の自由は、憲法第13条にいう「人格権、自己決定権」に含まれると原告側は主張する。本件は公立学校における事案であり、特に憲法との関連が問題となると考えられる（私立学校の場合、「私人間適用」の問題がある）[9]。憲法が保障する権利であるとすれば、厚く保護されるべきものとして、その制約を行う場合の審査基準は厳格となると考えるのが通例である。これまでの「校則裁判」において、高知バイク事件高裁判決（高松高裁、平成2年2月19日）では、「憲法13条が保障する国民の私生活における自由の一つとして、何人も原付免許取得をみだりに制限禁止されないべきである。」と原付免許取得の自由を憲法上の権利と位置付けている。

「自己決定権」の範囲については、通常「人格的利益説」[10]（人格的生存に不可欠な利益に限られる）と「一般的自由説」[11]（広く一般的行為の自由を保障）にわけられる[12]。いずれにせよ、「自己決定権」の範囲は論者によって異なる。髪型の自由は人格的利益の範囲内であるかは、必ずしも明確ではない。また、「丸刈り」いう特定の髪型を強要する場合と、生来の頭髪に変形を加える（パーマ、染色など）場合では前者のほうが人格的利益の侵害はより大きいであろう。判決文はどちらの見解にたつかなどは全く述べていない[13]。

頭髪の自由が憲法が保障する権利であるとすれば、その規制の内容や方法の許容範囲が異なってくることがありうる。本判例は頭髪の自由が憲法の保障する権利であるかどうかは明言せず、「違法性の判断基準」としては「頭髪の色を含む髪型をどのようにするかを決定する自由についても、……（校則等）と

の関係で一定の制約を受けることになる。」と述べるにとどめている。

　一方で、規制が許される審査基準としては、ついで「社会通念に照らして合理的」と述べている。およそ「社会通念」にもとづいた規制が合法とすれば、社会の少数派は多数派に常に従わなければならないことを意味しかねない。それでは少数派の権利が守られないという問題がある。また例えば、周知のとおり1980年代には「丸刈り」校則をめぐる訴訟が提起されたが、当時であれば「合理的」の範囲内となるかもしれない。現在、多くの学校が女子生徒の制服を「スカート」と定めていることは、果たして「社会通念に照らして合理的」なのか。なにが「社会通念であるか」が明確とは限らないという問題も生じる。およそ、審査基準は粗雑であるといわざるをえない。

③ 頭髪規制の目的について

　原告は「学校の評判を守るため」「志願者数増加等の学校の利益を目的としていることは明らかであり、生徒のためでないことは明白であって、本件校則の目的は、教育目的によるものとはいえ、違法である。」と主張した。一方で被告は「生徒の関心を頭髪や服装等ではなく、勉学やスポーツに向けさせ、勉学やスポーツで自己実現を図らせて非行の防止等につなげる目的で定められているものであり、教育的目的に基づく」と主張した。

　判決は、「華美な頭髪、服装等を制限することで生徒に対して学習や運動等に注力させ、非行行動を防止するという目的から定められたものであること」と述べている。被告のいう「スポーツ」、裁判所が説示する「運動等」はおそらく部活動のことを指すのかと思われるが、およそ部活動は高校の教育課程において任意の活動である。「運動等」は特別の扱いをうけるのか。「学習や運動等に注力させ」といっても、それ以外のことを一切してはいけないという意味に解することはおおよそ不可能である。当該生徒が高校2年生の1学期終了まで学業成績や出席状況がまったく問題のない生徒であった[14]ことからしても、他のことを行うのを禁止する指導の必要性が認められない。

　果たして「頭髪や服装等」に関心をもつ生徒は非行に走るのか、当該校則は非行を防止する力になっているのか。そもそも「非行の防止」というが、少年の刑法犯の検挙人数や検挙・補導の人員は当該高校の開校後はしばらく横這い、その後ここ15年ほどの間、一貫して減少の傾向にあり[15]、いまや非行防止に多大な必要性があるとも考えにくい。「頭髪や服装の乱れが生徒の問題行動に発展

する可能性がある」というが、そもそもいったいどのような問題行動に発展するというのかが明らかでないし、合理的関連性があることも立証されていない。本判決文は2009年の「開校当時、学習に対する集中や進学に対する意欲を欠き、問題行動に走る生徒が多く、地元地域からもその改善に向けて強く要望がされる状況であった」と述べている。「問題行動」がすべて「非行」と評価できるとは限らない。「学習に対する集中や進学に対する意欲」を高めるには、別の方法があると考えられる。「茶髪にすること自体が問題行動」だとすれば、確かに茶髪にしている高校生が多い学校は地域から低い評価をうけることがありうるとして、それは「学校の評価を守るため」の目的としか考えられない。大阪府内において、大阪府立学校条例第2条第2項（2012年制定）で「入学を志願する者の数が三年連続して定員に満たない高等学校で、その後も改善する見込みがないと認められるものは、再編整備の対象とする。」という規定がある。競争主義・成果主義的な「改革」が行われて「生徒を獲得するための競争」のなかで各高校に定員確保のプレッシャーが及んでいることは大阪府内で周知の事実である。[16][17]

④ 校則による制限の文面について

判決は、当該高校には「生徒心得として、『頭髪は清潔な印象を与えるよう心がけること。ジェル等の使用やツーブロック等特異な髪型やパーマ・染髪・脱色・エクステは禁止する。また、アイロンやドライヤー等による変色も禁止する。カチューシャ、ヘアバンド等も禁止する。』との記載がある。」と述べる。

文面を文字通りうけとると、例えば生まれつき白髪が多い生徒やくせ毛の生徒が本人の希望で黒色に染髪することや直毛にするパーマをあてることは認められないのか、という問題がある。「特異な」とはどこまでか、だれが判断するのかという問題もある。高校生にとっての判断と年配の教員による判断であれば「特異な」の範囲が違っていても不思議ではない。

判決文は上記を「華美な頭髪、服装等を制限する」ものと評価している。生まれつきの茶髪で同様の髪色の生徒は「華美な頭髪」だから規制せよということにならないのか、という問題もある。それでは、髪色がどの程度の色であれば「華美」になるのか。「華美」というあいまいな基準で判断しているところも問題であろう。

本件は懲戒処分といった法的処分に至ったケースではない。しかし、この文

面は生活指導規準とうけとるとしても、曖昧性などの問題が多いと考えられる。

⑤「自ら選択した」高校であるという見解について

判決は、「中学校以下の学校教育の場合とは異なり、生徒は自ら高等学校の定める規律に服することを前提として受験する学校を選択し、自己の教育を付託する」と述べる。これまでに公立高校において校則の問題が争われたケースは少ないが、確かに住所により通学先が1か所に指定されることの多い中学と異なり、高校は自ら選択したものであるとはいえる。例えば、宗教的私立学校を選択したゆえに、特定の宗教にもとづく宗教教育が授業の一環となることは、法律が認めるところでもあり合理性があるといえよう。

本件の場合はどうであるか。「自ら選択した」ことと「その内容に合理性があるか」は別の問題と考えるべきではないか。公立高等専門学校の例ではあるが、入学すると剣道の授業があることは周知されていたが、「代替措置が不可能というわけでもないのに、代替措置について何ら検討することもなく」2年続けて原級留置となり、さらに退学処分としたことを「裁量権を超える違法なもの」とした判例がある（神戸高専事件、最高裁、平成8年3月8日）[18]。

染色禁止の規定をおかない高校も確かに存在する。しかし、染色がしたければそういう高校を選べという論法であれば、果たして居住地で就学するべき中学が指定される地域であれば「染色禁止の校則は違法」という判決をこの裁判官はだすのであろうか。生徒にとっておよそすべての条件に合致した高校を選択することは不可能と考えられる。さらに、「生まれつき茶髪の生徒に黒染を強要する」高校の校則も自分が選択した高校であれば守るべきとなるのか。すべての校則が同意によって正当化されるわけではないことに、留意しなければならない。また、後述するように2018年からは教育委員会の指導により大阪府立高校の校則は公開されることとなっている[19]。しかし、原告が高校に入学した時はそうではなく、「自分で調べなかったほうが悪い」といわれるのは、酷といわざるをえない、という問題もある。

（3）高裁判決・最高裁判決について

高裁判決（大阪高裁、令和3年10月28日）[20]では地裁判決をもとに、若干の加除をおこなう書き方で控訴棄却の判決がだされた。

上記⑤の「自ら選択した高校」にかかわる記述は削除された。控訴人の校則

は「学校の評判を守るため」ではないかという主張には「本件高校が地域社会に溶け込み好ましい評価を受けることが、そこで学ぶ生徒らの意欲向上や成長といった生徒の利益につながるとの文脈で理解すべき」と学校側に好意的に判断された。本件校則は学校の「広範な裁量の範囲内」とされたが、「規則を守らせること自体が目的化していないかなど、上記の指摘を踏まえた教育指導の在り方について常に検証し、よりよい教育指導を目指す不断の努力が求められることはいうまでもない。」とも述べて学校の指導に警鐘を鳴らしていることは、注目すべきであろう。

最高裁決定（令和4年6月15日）[21]では、「本件上告の理由は、違憲及び理由の不備をいうが、その実質は事実誤認又は単なる法令違反を主張するもの」であるとして、実質的な判断はなにもなされなかった。校則による権利侵害の是非の問題は、最高裁判所の判断が必要ではなかったかと考えられる。

2　東京都私立高校男女交際事件について

本件は私立高校で、性交渉を伴う男女交際をして自主退学勧告をうけてそれに応じて高校を中退した生徒が慰謝料など損害賠償を求めて出訴した事件である（東京地裁、令和4年11月30日、確定）[22]。

当該の高校には「男女間の交際は……禁止する。」の校則があった。原告は第1学年在籍時3月頃から、交際を開始した。第2学年在籍時に通報があり、当時の担任教員から交際の有無の確認を受けたがこれを否定した。原告は指定校推薦によるG大学への進学を希望していた。第3学年の夏休みにb教諭が「指定校推薦は校則違反等をしていない模範生であることが条件となる。原告には、男女交際の噂があるが大丈夫か」と尋ねたところ「大丈夫です」と回答していた。別の女子生徒乙は原告のSNSのアカウントの画像等を示しながらa教諭に原告と生徒甲が交際している旨を報告した。a教諭は報告をうけ、令和元年11月20日に原告にスマートフォンの中身を見せるように求めた。原告は当初拒否したが、その後同意をして生徒甲と親密な様子で写っている写真を見つけるに至った。性交渉の事実の有無についても尋ねた。当初は否定していたものの繰り返し確認すると、最終的には生徒甲との間に性交渉があったことを認めるに至った。翌11月21日にa教諭は校長にむけて報告書を提出した。校長は原告の指定校推薦を取り消すとともに、自主退学勧告を決定して、b教諭に

対し原告および原告の保護者に通知することを指示した。原告は11月22日にb教諭の説明をうけて、謹慎中は大学受験ができないゆえ現役で大学に進学するためには、本件自主退学勧告に応じざるを得ないと判断し、令和元年11月25日、退学願を被告に提出した。原告は、別の高校に編入したのち令和2年4月G大学法学部に入学した。令和2年10月に編入・大学受験費用、編入先高校への編入費用、学習塾費用、大学受験費用、慰謝料、弁護士費用を求めて訴訟を提起した。

（1）判決要旨

「本件高校は、本件校則の違反に対する懲戒処分等について、明確な基準は定めていない。ただし、生徒が性交渉を伴う男女交際をした事実が判明した場合には、生徒に対して自主退学を勧告することとし、仮に生徒及び保護者が同勧告に応じない場合には、1か月程度の謹慎処分とするというのが慣例であった（以下、この慣例を「本件慣例」という。）」

「本件高校は、学校教育法上の高等学校として設立されており、法律に格別の規定がない場合でも、その設置目的を達成するために必要な事項を校則等より一方的に制定し、これによって在学する生徒を規律する包括的権能を有するものと解すべきである。特に、私立学校は、建学の精神に基づく独自の伝統ないし校風と教育方針によって教育活動を行うことを目的とし、生徒もそのような教育を受けることを希望して当該学校に入学するものと考えられるのであるから、その伝統ないし校風と教育方針を校則等において具体化し、これを実践することが当然認められるべきであり、生徒においても、当該学校において教育を受ける限り、かかる規律に服することを義務付けられるものということができる。もとより、私立学校が有する上記包括的権能は、無制限なものではなく、在学関係設定の目的と関連し、かつ、その内容が社会通念に照らして合理的と認められる範囲においてのみ是認されるものであるが、具体的に生徒のいかなる行動についてどの程度、方法の規制を加えることが適切であるとするかは、それが教育上の措置に関するものであるだけに、必ずしも画一的に決することはできず、各学校の伝統ないし校風と教育方針等によっておのずから異なるものであるといわざるを得ない……。

これを本件についてみると、本件高校は、教育方針として、特に生活指導に力を入れていること等をうたっており、本件高校への入学希望者及びその保護

者に対し、男女交際の禁止を含め、独自の教育的見解と指導方法をもって生徒の生活指導に当たる旨を説明している。これらの事情に鑑みれば、本件高校は、学校生活全般にわたる生活指導に注力するという特色を有しており、本件高校の生徒もそのことを受け入れて本件高校に入学しているということができる。

本件校則は、生徒が男女交際により傷付くという事態を避けるとともに、男女交際が他の生徒に悪影響を与えることを防止することにより、生徒を学業等に専念させることを目的とするものであるところ、本件校則が上記特色を有する本件高校における在学関係設定の目的と関連したものであることは明らかである。また、心身の発達途上の段階にある高校生にとって、男女交際が生活習慣の乱れ等の要因になり得ること自体は否定できず、本件校則の内容は、本件高校の教育理念や教育方針等に鑑みれば、男女交際の禁止により生徒を学業等に専念させるためのものとして、社会通念に照らして合理的なものであるということができる。」

「原告は、本件校則が生徒の人権を制約するものであり、その制約の度合いも極めて大きいから、本件校則が不合理である旨主張する。

確かに、本件校則は、私的な事柄である男女交際につき、生徒が自らの判断で決定する自由を制約する面を有するということはできる。しかしながら、私立学校が独自の伝統ないし校風と教育方針によって教育活動を行うことを目的とし、これを前提として生徒も当該学校に入学する以上、生徒が在学関係設定の目的に照らして合理的な制限を受けること自体はやむを得ない。既に説示したとおり、本件校則は、本件高校における在学関係設定の目的と関連し、かつ、その内容は、本件高校の教育方針等に鑑みれば、社会通念に照らして合理的なものであるということができる。なお、本件校則は、「特定の男女間の交際」を禁止することのみを規定しており、禁止対象となる男女交際の範囲のほか、違反の有無を確認する方法、違反に対する指導の方法等は、本件校則の趣旨・目的を踏まえた適切な運用に委ねられているというべきであるが、このことをもって、本件校則による男女交際の禁止それ自体が不合理であるということはできない。したがって、原告の上記主張は採用することができない。

以上によれば、本件校則が公序良俗に反して無効であるなどということはできない。本件校則は、本件高校の生徒を規律するものとして有効である。」

「本件高校の入学手続時の説明内容等……に照らせば、生徒及び保護者に対し、本件高校が男女交際を厳しく取り締まる方針であり、自主退学勧告があり

得ることは明らかにされていたということができるが、本件高校は、本件校則の違反に対する懲戒処分等の基準を定めているわけではなく、本件慣例の存在や内容を生徒や保護者に対して周知していたといった事情はうかがわれない。」

「本件校長は、原告に対し、本件自主退学勧告によって、本件高校を退学することを求めているのであり、特段の事情がない限り、原告らとしては、これに応じなければ、退学処分等が見込まれると理解するのは自然かつ合理的である。本件慣例によれば、原告が本件自主退学勧告に応じなければ、1か月程度の謹慎処分となることが見込まれていたということはいえるものの、上記検討のとおり、本件高校の生徒及び保護者は、本件慣例の存在及び内容を認識していなかったと認められるから、本件慣例があったことをもって、本件自主退学勧告を退学処分と同視することができないなどということはできない。」

「現役での大学進学を強く希望していた原告にとって、本件自主退学勧告に応じない場合に予想される処分の内容(謹慎処分であれば、どの程度の謹慎期間が見込まれるのか)は、本件自主退学勧告に応じるか否かを判断する上で、重要な要素であったことは明らかであるところ、b教諭が原告父に対して「無期謹慎」の可能性をも匂わせる発言をしていたことに鑑みても、原告が、本件退学に先立ち、本件慣例の内容(特に、本件自主退学勧告に応じなければ、1か月程度の謹慎処分となる見込みであること)を具体的に認識していたとは考え難い。原告らは、b教諭の説明……を受けて、現役で大学に進学するためには本件自主退学勧告を受け入れざるを得ないと認識していたものと優に推認することができる……。

以上の検討によれば、本件の事実関係の下においては、本件自主退学勧告は、実質的にみれば、現役での大学進学を希望する原告に対し、本件高校を退学することを事実上強制するものであったということができる。」

「自主退学勧告は、学校の内部規律を維持し、教育目的を達成するために行われる教育的措置であるから、校長が生徒に対して自主退学勧告を行うか否かの判断は、校長の合理的な教育的裁量に委ねられるべきものである。そうである以上、裁判所において自主退学勧告が不法行為法上違法であるか否かを審査するに当たっては、校長と同一の立場に立って当該勧告をすべきであったかどうか等について判断し、その結果と当該勧告とを比較して、その適否、軽重等を論ずべきではなく、校長の裁量権の行使としての当該勧告が、全くの事実の基礎を欠くか又は社会通念上著しく妥当を欠き、裁量権の範囲を超え、又は裁量権を濫用してされたと認められる場合に限り、不法行為法上違法であると判

断することになるものと解される。他方において、自主退学勧告は、学校側の一方的意思表示により生徒の身分を失わせる懲戒処分としての退学処分とはその本質を異にするものの、生徒を学外に排除することを意図したものであって、退学処分と実質的に同視できるような場合には、生徒の身分に重大な影響を及ぼす措置であるということができるから、校則違反を理由として当該勧告をするか否かの判断においては、校則違反の態様、反省の状況及び平素の行状、従前の学校の指導及び措置、自主退学勧告をした場合又はしない場合における本人及び他の生徒への影響、自主退学勧告に至る経過等の諸般の要素を慎重に考慮することを要し、当該生徒を学外に排除することが教育上やむを得ないと認められる場合に限って選択されるべきであると解する……。

本件においては、原告について、本件校則の違反を理由として自主退学勧告をするか否かを判断する際の諸般の要素（①校則違反の態様、②反省の状況及び平素の行状、③従前の学校の指導及び措置、④自主退学勧告をした場合又はしない場合における本人及び他の生徒への影響、⑤自主退学勧告に至る経過）に関し、以下の事情を指摘することができる。

　ア　校則違反の態様

原告は、平成30年3月頃から本件交際を開始しており、本件自主退学勧告の時点で、約1年9か月間にわたり、本件校則に違反していたということができる。もっとも、高校生の男女交際は、それ自体が直ちに刑罰法規等に抵触するわけではなく、また、一般的に、社会通念上許容されない行為であると理解されているわけでもない。男女交際は、本件高校の生徒にとって、懲戒処分等の対象となり得る校則違反ではあるが、それのみをもって、本件退学規定の掲げる退学処分事由に準ずる行為に当たるとまでいうことはできない。

原告は、本件生徒甲と交際している事実を秘密にし、数人の親しい友人にのみ話しており……、本件交際が本件高校で他の生徒に広く認識され、他の生徒に動揺を与えるものであったことを認めるに足りる証拠はない。原告による本件校則の違反（本件交際）は、その態様に鑑みても、本件退学規定の掲げる退学処分事由に準ずる行為に当たるとまでいうことはできない。

　イ　反省の状況及び平素の状況

原告は、本件事情聴取を経て、最終的には、本件交際の事実等を認めており……、原告による反省の態度等に特段問題があったことはうかがわれない。

原告は、本件交際の事実を告白して自宅謹慎を命じられてから本件自主退学

勧告を伝えられるまでの間、事実確認等を受けるなどしたことはなく……、証人ｅ……が、性交渉を伴う男女交際が判明した場合には、生徒の反省の有無・程度等にかかわらず、自主退学勧告をすることになる旨証言していることを併せ考えても、本件校長が、原告に対する自主退学勧告の要否を検討するに当たり、原告の反省状況等を適切に考慮したのかは疑わしいといわざるを得ない。原告は、本件高校において、身だしなみや授業態度等について注意を受けたこと……はあるが、本件自主退学勧告以前において懲戒処分等を受けたことはない。また、原告の学業成績や出席状況等に問題はなく、第１学年在籍時から継続的に学級委員を務めており、第３学年前期には指定校推薦を受けたこと等に鑑みれば、本件高校における原告の平素の行状は、概ね良好なものであったということができる。

　ウ　従前の学校の指導及び措置

　原告は、本件高校内で本件生徒甲と２人で会話している際に教員から気を付けるように声を掛けられることがあったほか、第２学年在籍時に当時の担任教員から本件生徒甲との交際を疑われないように注意を受け、第３学年の面談時には、男女交際の噂を指摘された上で、本件校則に違反していないことの確認を求められている……。しかしながら、これらの教員の言動は、飽くまでも原告に対して注意を促すものにすぎず、教員において、原告が本件校則に違反したとして具体的な指導を行ったわけではない。そうである以上、原告について、本件校則の違反が発覚して具体的な指導を受けたにもかかわらず、これに従わずに再度違反を繰り返したなどと評価することはできない。また、本件高校は、原告につき男女交際の噂があり、何度か原告に注意したことがあったことを前提とした上で、原告について指定校推薦をしており、少なくとも指定校推薦の時点で、これらの事情を特段重視すべきものと理解していなかったことは明らかである。

　原告による本件校則の違反の事実が発覚したのは、今回が最初であるところ、原告による反省の態度に特段問題はなく、本件高校における原告の平素の行状も概ね良好であったこと等……に照らせば、本件校則の違反（本件交際）につき、原告に対して教育的指導を行ったならば、今後は本件校則を遵守することを期待することができる状況にあったということができる。少なくとも、原告につき、本件交際が発覚して具体的な指導を受けたにもかかわらず、これに従わず、本件校則の違反を繰り返すことが見込まれる状況にあったなどというこ

とはできない。

　エ　自主退学勧告をした場合又はしない場合における本人及び他の生徒への影響

　本件自主退学勧告は、大学入学試験を控えた時期において、現役で大学に進学するためには早急に本件高校を退学して転校する必要があるとの説明とともに伝えられたことに鑑みれば、現役での大学進学を希望していた原告にとって、極めて大きな影響を及ぼすものであったということができる。

　本件慣例を前提とすれば、仮に原告が本件自主退学勧告に応じなかった場合には、1か月程度の謹慎処分がされる見込みであったということができる……ところ、原告の志望校の入学試験の出願期間が令和2年2月以降であったこと……に鑑みれば、現役で大学に進学する原告の希望を前提とした場合において、原告が本件自主退学勧告を受け入れて通信制高校等に編入することが必要不可欠であったとまでいうことはできない。

　また、原告の平素の行状……に鑑みても、原告による本件校則の違反（本件交際）に対する懲戒処分等につき、指定校推薦の取消しに加えて、自主退学勧告以外の教育的措置を選択した場合に、これによる訓戒的効果が不十分であることが見込まれる状況にあったともいい難い。

　仮に、他の生徒らにおいて、原告が本件校則の違反を理由として退学に至ったことを認識していたならば、本件自主退学勧告（本件退学）は、他の生徒に対して本件校則の遵守の必要性等を改めて認識させるという教育的効果があるということはできる。しかしながら、男女交際の有無等は、プライバシー性の高い事項であり、本件交際が本件高校で他の生徒に広く認識されているといった事情も認められない以上、本件自主退学勧告や本件退学の経緯等を他の生徒に説明すること自体が相当ではない（なお、証人e……は、一般的に、他の生徒において、退学が男女交際を理由とするものであったことを知ることはない旨証言している。）。そうである以上、本件自主退学勧告（本件退学）が、他の生徒に対する教育的効果を期待し得るものであったとはいい難い。

　原告に対して自主退学勧告をしなかった場合における他の生徒らへの影響等についてみるに、既に検討したとおり、本件高校の生徒及び保護者は、本件慣例の内容を認識していなかったのであるから、性交渉を伴う男女交際について自主退学勧告がされなかったからといって、そのことにつき、他の生徒が不満（不公平感等）を抱くことは考え難い。また、本件交際の噂は、少なくとも断続

的にあったことがうかがわれるものの……、原告は、本件交際の事実を秘密にしており、他の生徒において、本件交際が性交渉を伴うものであったという事実が広まっていたとも考え難い。そうである以上、原告につき、自主退学勧告ではなく、謹慎処分その他の教育的措置をすることにより、他の生徒に対し、本件校則の規範性が弛緩しているといった印象を与えることはなく、他の生徒の男女交際を助長し、学内の風紀の乱れを招くおそれがあったということもできない。

　オ　自主退学勧告に至る経過

　本件自主退学勧告は、本件事情聴取により本件交際の事実が判明した翌日に決定されているところ、本件報告書には、原告に対する事情聴取の経緯のみが記載され、本件交際が他の生徒に与えた影響等に関する記載部分はない……。

　ｂ教諭が作成した令和元年11月25日付け退学審査書……には、「一線を越えていることと、級友など周りの人間もあまりにも状況を知りすぎているため退学勧告となった。」と記載されているが、既に検討したとおり、本件交際が本件高校で他の生徒に広く認識されていたといった事情を認めるに足りる証拠はない。……本件全証拠によっても、原告と本件生徒甲との交際が噂になることがあり、一部の限られた生徒が本件交際の事実を知っていたということを超えて、本件交際が他の生徒の学習教育環境に具体的な支障を与えていたといった事情を認めることはできない。……

　上記検討のとおり、本件自主退学勧告が僅か１日で決定され、その際に考慮した具体的事情も明らかでないことに加え、本件高校における原告の平素の行状が概ね良好なものであったこと、証人ｅが、性交渉を伴う男女交際が判明した場合、生徒の反省の有無・程度等にかかわらず、自主退学勧告をする旨証言していること等を併せ考えれば、本件自主退学勧告は、本件慣例に依拠し、これを形式的に適用して決定されたものであると評価せざるを得ない。」

　「交際相手の有無や性交渉の有無は、私生活上の事柄であり、本件校則の違反の有無・程度の確認や調査には限界があるといわざるを得ず、本件校則の運用に当たっては、この点を十分考慮する必要がある。本件慣例によれば、生徒が本件校則の違反を真摯に反省し、性交渉を伴う男女交際の事実を告白した場合、その他の事情にかかわらず、自主退学勧告を受けることとなるが、このような運用が、本件校則の趣旨・目的に沿っているとはいい難く、教育的措置としての懲戒処分等の公平の観点からも問題があるといわざるを得ない……。」

「上記検討によれば、本件校則の違反への対応において、本件高校内の秩序維持の観点から、性交渉の有無を重視することを前提としても、当該違反が他の生徒に与えた影響、反省の有無・程度等を全く考慮せず、性交渉があったことのみを理由として、自主退学勧告をすることは、社会通念上著しく妥当を欠き、本件の事実関係の下では、本件自主退学勧告は、本件校長が有する教育上の裁量の範囲を超えるものといわざるを得ない。したがって、被告の上記主張は採用することができない。」

「本件事情聴取の態様についてみても、a教諭は、本件事情聴取の際、原告に対して威圧的な態度をとることはなく……、本件事情聴取が相当長時間に及んだこと等を踏まえても、a教諭が原告に対して本件交際等の事実を認めることを強制したなどということはできない。この点に関し、a教諭が本件生徒乙を同席させたこと……の当否については疑問の余地はあるが、本件生徒乙に対して本件報告の根拠となったSNSの画像等を示してもらう必要があったと考えられることに加え、本件生徒乙の同席について他の教員に相談していたこと……等を併せ考えれば、a教諭が本件生徒乙を同席させたことが違法な措置であったとまでいうことはできない（なお、原告は、本件生徒乙が同席している間、本件交際等の事実を否定していた）。

以上によれば、本件事情聴取が不法行為法上違法であるということはできない……。」

原告の請求のうち、編入手続き費用から授業料返金を差し引いた分、8万5426円、「卒業間近の時点で、それまでに友人関係等を築き、愛着のある本件高校を退学するという重大な決断を迫られたほか、短期間のうちに編入先高校に編入した上で大学受験に向けた準備をすること等を強いら」れたことに精神的苦痛の慰謝料として80万円の請求、弁護士費用のうち9万円の請求が認められた。

（2）争点の検討

本章では、以下の争点（校則一般にかかわる①～④、および本件の具体的争点となる⑤～⑦）について検討する。

① 本件校則の有効性について

本訴訟では、生徒手帳に記載されている校則そのものの無効確認という争い

方をしてはいないが、公序良俗に反して無効であるという主張をしている。そもそも、法的な存在ではない校則にどのような法的性質を認めるかは必ずしも見解は一致しない。

本ケースでは生徒手帳に記載されている校則に「特定の男女間の交際は、生徒の本分と照らし合わせ、禁止する。[23]」とある。判旨は「設置目的を達成するために必要な事項を校則等より一方的に制定し、これによって在学する生徒を規律する包括的権能を有するものと解すべきである。……私立学校が有する上記包括的権能は、無制限なものではなく、在学関係設定の目的と関連し、かつ、その内容が社会通念に照らして合理的と認められる範囲においてのみ是認される」ここでは三菱樹脂事件を引用している昭和女子大事件および、修徳パーマ事件[24]の最高裁判決の引用をしており、従前の最高裁判例の枠に従ったといえる。原告の「生徒の人権を制約するもの」という主張は退けられている。

校則の適法性が公立学校・私立学校とわずに「社会通念に照らして合理的」という基準で審査されるというのは、これまでの判例がとる立場といえる。私立学校には経営者に独自の方針をたてる自由はある（ただし、教育基本法第6条に規定があるように「公の性質」を有することには変わりない。また、私立学校は公的な助成をうけていることもある。）校則そのものが有効だとしても、その後の運用いかんによって損害賠償の責が発生することがありうるのは判旨も示しているとおりである。

② 校則の目的について

校則がある行動を規制するとして、その目的および手段の妥当性が問われることとなる。本件では「生徒がその未成熟さから男女交際によって精神的・肉体的な痛手を受けて傷付くおそれがあるため、生徒をそのような事態から守るとともに、非行や他の生徒への悪影響を防止して生徒の健全な育成を図り、適切な自己決定ができる資質・能力を育成しつつ、高校生の本分である学業等に専念する時間を確保することを目的とするものである。」と述べている。

「生徒の未成熟さから、痛手を受けるという事態から守る」という目的は、婚姻が認められる年齢に達する高校生（民法第731条により婚姻ができる年齢が18歳（この事件の時点では女子は16歳））の年齢において、過度かつ不要のパターナリズムということにならないか。

「非行、他の生徒への悪影響の防止」という目的は、男女交際により非行に

つながる可能性が高まるということはおそらく実証されていないし、非行が激減している今日においては不要ともいえる目的である。また、「他の生徒への悪影響」をいうのであれば、懲戒処分等をもってのぞむほどの悪影響があるということの度合いに達していることが必要であろう。このケースはそれにあたらないと判断された。

③ 規制の内容について

校則自体は有効であったとしても、その運用の仕方が問題となることがありうる。目的が正当化されたとしても、規制手段はどこまでが認められるか。例えば、「目上の人に対しては常に尊敬の念をもって接しよう」という校則は「社会通念に照らして合理的」とはいえるにせよ、校則違反を理由に懲戒処分等の対象となるということは、おそらくないであろう。校則には「生活指導基準」あるいは「努力目標」として書かれている事項もあり、違反がただちに懲戒処分等の対象になるとは限らない。

本ケースでは「男女交際は、本件高校の生徒にとって、懲戒処分等の対象となり得る校則違反」と述べている。判旨は「懲戒処分等」という語句が何度もでてきているが、その範囲は定義されていない。本件高校の規定が「懲戒処分」として挙げているのは「戒告、謹慎、停学および退学」である。「等」に「自主退学勧告」が含まれるのは間違いないであろうが、口頭による注意など事実上の懲戒をうける範囲も含めてかもしれない。

当該学校は、保護者に対する説明として「男女交際」の具体的内容として、「在校中1対1の特定の交友、男女関係、同棲・婚姻など」と述べている。本件の場合、「男女交際（性交渉を伴う）」の規制は合法、ゆえに聴取を行うことや、指定校推薦の取消は合法とされた。どこまでの内容が許される範囲、どこからの範囲が「懲戒処分等」の対象となるかを判旨は特に述べていない。

婚姻までの規制となると、前述した民法第731条を超えることになる。婚姻の前程となる交際という行動も規制できるのか。そういった問題が残っているとは考えられる。法律をこえる規制を認めることは、学校に「法改正を行うに等しい権限を与えていることになる」といわざるをえないのではないか。

④「校則を受け入れて入学している」という点について

判旨によると、入学希望者及びその保護者は生活指導方針について事前に説

明している。それで、「本件高校の生徒もそのことを受け入れて本件高校に入学しているということができる。」と述べている。

「事前に知っていて入学したのだから」従わなければならないのかというと、かつての判例でも神戸高専事件の最高裁判決は、「自らの自由意思により、必修である体育科目の種目として剣道の授業を採用している学校を選択したことを理由に、先にみたような著しい不利益を被上告人に与えることが当然に許容されることになるものでもない。」と述べている。入学すれば剣道の授業があることを事前に知っていたとしても、代替措置を求めることが認められることがある。事前にわかっていたから従うべき、という論法は当然には成り立たない。

⑤ **本件における指定校推薦の取り消しについて**

本件の場合、校則違反による「指定校推薦の取り消し」に関しては、推薦をうけるときに、教諭の一人が原告及び原告母に対し、「指定校推薦は校則違反等をしていない模範生であることが条件となる。」と述べたということを判旨では言及されている。それゆえか、指定校推薦の取り消しに関しては判旨は全く問題にしていない。校則違反を理由に即座に「指定校推薦の取り消し」に及ぶというのも問題性を有しているといえないか。「校則違反等をしていない」というのは、きわめて軽微な違反であっても取り消すということになりかねないか。最初に指定校推薦の対象となる生徒を決めるときと、一度きめた推薦を取り消すときでは、後者のほうが裁量権の範囲は狭まるのも通常であろう。これは、自主退学勧告と同様に「生徒の将来を決定する」だけの重大な措置だけに慎重さが求められるとはならないか。

⑥ **本件自主退学勧告の違法性の有無について**

本件では、昭和女子大学事件、神戸高専事件、修徳パーマ事件を引用したうえで、自主退学勧告についても退学処分と同様に「当該生徒を学外に排除することが教育上やむを得ないと認められる場合に限って選択されるべきであると解する」と述べている。この点でも従前の最高裁判例の枠組みに従ったものといえる。

ところで、自主退学勧告を拒否した場合は退学処分になる、といわれるのが通例であることは判旨も述べている。これまで法的な懲戒処分ではない自主退

学勧告を司法審査の対象にした判例は多いが、自主退学勧告とは退学処分としての経歴を残さないためであり、いずれも「受け容れなかった場合は退学処分」という運用が多くの学校でされている。

　本ケースでは「１か月の謹慎」とすることを「本件慣例」とよび、そのような慣行が本件高校に存在するという事実認定をしている。それでは、反省の意を示して勧告をうけいれた生徒のほうが、勧告を拒否した生徒より「軽い」処分となるというのは不自然である。それは、５年間の間に自主退学勧告をうけたのが２名だけだったという点からも推測できる。本判決は「１か月程度の謹慎になる」ことを生徒側に認識させることができていなかった、学校側の不手際を判決は指摘している。いずれにせよ、懲戒処分等を行う際の手続きが明確化できていなかったこと、それができなくても生徒に明確に伝えることができていなかったことを損害賠償の責に任ずる行為と認定している。ただ、これは、学校側が「自主退学勧告」は「退学処分と同じではない」というためにそのような主張をしたという見方ができないか。いずれにせよ、不自然な主張を裁判所は認めたのではないか、というも問題がある。

　この高校の規則では、「生徒が学則、その他本校の定める諸規則を守らず、その本分にもとる行為のあった時は、懲戒処分を行う。懲戒は戒告、謹慎、停学及び退学とする。」とあった。学校教育法が定める法的懲戒は「退学、停学、戒告」であるが、謹慎は法的懲戒でなく、謹慎期間中に例えば家庭にて反省しているというのは法的なものではない。あくまで「自主的に休んでいる」にすぎない。それゆえその期間内に大学受験が可能になるか、ならないかは法的な問題とはならない。謹慎期間中にいわれたことを守っていないと「反省していない」とみなされて、期間が長くなる可能性ならある。しかし、それを高校生があらかじめ知っているとは思えず、「大学受験ができなくなる」という学校の主張を信じざるをえなかった、という事情はあるといえよう。いずれにせよ「謹慎」の意味をきちんと説明していないなど、学校側の対応に不手際があったといわざるをえず、原告一部勝訴の結果をもたらすこととなった。[29]

⑦ 本件事情聴取の違法性の有無について

　判旨は、「交際相手の有無や性交渉の有無は、私生活上の事柄であり、その意思に反して回答を強制することが許されるものではない」と述べている。長時間に及んだことは判旨も認めている。しかし、聴取にあたって、「回答を強

制するものではない。任意である」ということを明示していた形跡はない。交際や性交渉は、学校外において行われていることであり、プライヴァシーにもかかわりそもそも聴取すべきことではないという考えもありうる。

処分等をうけるときに「現役で大学に進学するためには早急に本件高校を退学する必要があるとも説明していた」と事実認定されているが、自主退学に応じなかった場合の「弱い立場」に追い込まれる原告にとって、むしろ「おどし」ともとりうる聴取が行われていたともいえる。

まとめにかえて

両判例とも、校則自体の違法性は認められず、「社会的通念に照らして合理的」という基準で判断されている。頭髪の自由、男女交際の自由が人権に含まれる範囲であるかは、憲法学上は必ずしも明確とはいえない。公立高校における染髪の禁止、私立高校における男女交際の禁止を規定するという人権に関わりかねないことに「社会通念に照らして」という審査基準では、およそ社会の多数派に従うことを少数派に強いるという結果をまねくという問題があると考えられる[30]。

黒染事件では、訴訟の提起後に大阪府教育委員会がすべての高校に対して校則に関するアンケートを行い、2017年11月に結果を公表していた。「8割が、地毛が黒くない生徒に対し、入学時に口頭や書類の提出などによって髪の色の申告を求めていた。」「『生来の髪の色を変えるように学校が求めたことがあるか』との質問も盛り込まれたが、回答した学校はなかった[31]。」など、黒染の問題について考慮していたことがうかがえる回答結果が報道されている。さらに各学校に「校則などを全般的に点検するよう各校長に指示する方針」を示した[32]。その結果、2018年4月には、「府立学校90校が昨年12月から今年3月にかけて校則や生徒指導方針などを見直した」と発表している。「生まれつきの茶髪に配慮し、『茶髪の禁止』という校則の表現を『染色・脱色の禁止』に変えた学校もあった。」という[33]。また、校則の公開も2018年4月から行われている。他県をも含めて「校則の見直し」が全国的規模でおきるという、「訴訟外効果」をもたらすことがあったということを指摘しておく。

男女交際事件は、「校則裁判」としては修徳バイク事件以来2例目にあたる「勝訴例」といえる。処分等を行う際に学校側に事実誤認があった、また自主

退学勧告という重い懲戒処分等をだすほどの事例になかったゆえに原告一部勝訴判決がでたといえる。校則による規制やそれに基づく懲戒処分等がどこまでは認められるかの範囲については、曖昧なままに残っているといえる。

本件はまた、過去の多くの最高裁判例を引用していてその枠組みに準拠している。学校が「懲戒処分等」を行うにあたって実体法的な問題にも手続法的な問題としても不手際を指摘している。「男女交際は、……禁止する」の禁止の範囲が明らかにされていなかったこと、違反があった場合の対応が明確な基準によらなかったことなどである。校則の記述の曖昧性や懲戒処分等の手続きが曖昧になっていることは、日本の校則の問題性として指摘されるところである[34]。懲戒処分手続きは校則でなく学校の内規などによって定められることもある。いずれにせよ不備があったことには変わりはない。判決は、学校側にそのような問題性に警告を与えるものと受け取ることは可能ではないか。

注
1) 例えば、『毎日新聞』2017年10月28日。
2) 林慶行「校則と生徒指導の本質について」『日本教育法学会年報』第49号、2020年、50-58頁。53頁。
3) 例えば、『毎日新聞』2021年2月17日。
4) 『判例時報』2494号、52頁以下。なお、本事件に触れる評釈等としては、浅田訓永「外見による区別と平等権」『中部学院大学・中部学院大学短期大学部教育実践研究』3、2024年、1-8頁、淡路智典「黒染め校則と教育的裁量」『季刊教育法』211、2021年、94-97頁、大島佳代子「『学校』における子どもの人権」『法学セミナー』66(11)、2021年、25-30頁、大島佳代子「校則裁判-黒染訴訟からみた合理性」『季刊教育法』211、2021年、6-13頁。小野田正利「注目された茶髪生徒の頭髪指導訴訟(1)(2)(3)」『内外教育』第6895号、2011年、4-5頁、第6897号、2011年、4-5頁、第6899号、2011年、4-5頁、今野健一「教育裁判のなかの校則裁判」『季刊教育法』第210号、2021年、88-96頁。木村草太『木村草太の憲法の新手②』沖縄タイムス社、2019年、168-170、184-186頁。木村草太「大阪黒染校則訴訟を読む」『書斎の窓』681、2022年、16-22頁。國本大貴「生活指導規準としての校則の違法性審査における適合性の位置付け」『スクール・コンプライアンス研究』第10号、2022年、48-58頁、坂田仰「髪型校則とその指導」『学校事務』72(11)、2021年、42-47頁。星野豊「学校の頭髪指導と不登校中の生徒の取り扱い」『月刊高校教育』54(6)、2021年、102-105頁。星野豊「「校則」の現状と今後の方向性」『月刊高校教育』55(6)、2022年、102-105頁、村元宏行「校則に基づく染髪指導の違法性」『季刊教育法』214、2022年、110-115頁、矢吹康夫

「茶髪を禁止／許容する論理」『年報　教育の境界』16、27-50頁。2019年。
5) 内野正幸『憲法解釈の論点（第4版）』日本評論社、2005年、42-43頁。
6) 内野、前掲書、43頁。
7) 『判例時報』1174号、48頁以下
8) 『判例時報』1295号、50頁以下。
9) 最高裁は修徳パーマ事件（私立高校）において、「パーマをかけることを禁止しているのも、高校生にふさわしい髪型を維持し、非行を防止するためである、というのであるから、本件校則は社会通念上不合理なものとはいえず、生徒に対してその遵守を求める本件校則は、民法一条、九〇条に違反するものではない」と説示している。（平成8年7月18日、『判例時報』1599号、53頁以下。）
10) 例えば、芦部信喜『憲法学Ⅱ』有斐閣、1994年、392-393頁。
11) 例えば、内野正幸『憲法解釈の論点（第4版）』日本評論社、2005年、53頁。「バイク乗りなどの自由は……、人格的利益説は否定するのに対し、一般的自由説では肯定する。一般的自由説が妥当であろう。」と述べる。
12) 例えば、戸波江二『憲法（新版）』ぎょうせい、1998年、186頁。高橋和之『立憲主義と日本国憲法（第4版）』2017年、145-147頁など参照。高橋は、「一般的行為自由説は、個人をごく限られた能力しかもたない存在と考え、何が最善かを予め選択して生きていくというよりは、何が善い生き方を探り出そうとして行動し、失敗を繰り返す経験の中から少しずつ学び取っていく存在と考える。」として、両説の具体的な違いは「髪型やバイク運転とかの自由が幸福追求権によりカバーされるかどうかといった点に現れる」と述べる（前掲書、146頁）。
13) 参照、佐藤幸司『日本国憲法論（第二版）』成文堂、2020年、216頁は、「丸刈りの強制については、身体的にも及ぶ強度の画一性の強要に鑑み、人格的自律権との関係で問題とされるべき」と述べている。
14) 判決文には明記されていないが、大津は裁判を傍聴していた。
15) 警察庁生活安全局少年課「令和元年中における少年の補導及び保護の概況」
16) 前馬優策「大阪の高校入試改革と進路保障実践のひずみ」濱元伸彦・原田琢也編『新自由主義的な教育改革と学校文化』明石書店、2018年、74-97、78頁。
17) なお、2021年度の時点で「3年連続定員割れ」に該当する大阪府内公立高校は13校存在する。https://www.weekly-osakanichi2.net/kiji/210410_11.php　（2021年9月12日最終確認）。
18) 最高裁、平成8年3月8日（『判例時報』1564号3頁）。
19) 戸波江二『憲法（新版）』ぎょうせい、1998年、170-172頁。
20) 『判例時報』2525号、328頁。評釈としては、黒坂則子「髪黒染め校則と指導に係る損害賠償請求控訴事件」『判例地方自治』（495）、2023年、35-38頁。
21) 最高裁第二小法廷決定、令和4年6月15日、判例集未登載。
22) https://www.courts.go.jp/app/files/hanrei_jp/713/091713_hanrei.pdf（2024年6月

30日最終確認）。先行する評釈等としては、小野田正利「交際禁止校則は社会通念上合法、ただし退学勧告は違法」『月刊高校教育』56(9)、2023年、74-77頁、星野豊「校則違反に対する退学勧告指導の妥当性」『月刊高校教育』56(9)、2023年、94-97頁、がある。

23） 何が「男女交際」にあたるのか、という曖昧性があるといわざるをえない。また同性間の交際は問題視されなくてよいのか、という問題も発生する。星野、前掲論文参照。

24） 三菱樹脂事件最高裁判決（昭和48年12月12日）は「自由権的基本権の保障規定は、国又は公共団体の統治行動に対して個人の基本的な自由と平等を保障することを目的とした規定であつて、専ら国又は公共団体と個人との関係を規律するものであり、私人相互間の関係について当然に適用ないし

25） 仮に実証されていたとしても、規制してよいかどうかは別の問題として残る。木村草太『「差別」のしくみ』朝日新聞出版、2023年、23頁、参照。

26） 『令和4年版 犯罪白書』日経印刷、2023年。非行少年率、刑法犯、不良行為少年の人口比がいずれも昨今の15年で大きく減少していることが示されている。(104、106、114頁)

27） 世取山洋介「校則『違反』と懲戒処分」『季刊教育法』(77)1989年、26-31頁（後に、世取山洋介『世取山洋介著作集　第3巻』2024年、157-168頁に収録）。

28） 最高裁、平成8年3月8日。『判例時報』1564号3頁。

29） 小野田、前掲論文参照。

30） なお、「社会通念」を問題とするものとして、樋口陽一「個人の尊厳と社会的権力」樋口陽一ほか編『新版　憲法判例を読み直す』日本評論社、2011年、31-42頁、40頁以下。

31） 『朝日新聞』2017年11月29日夕刊。

32） 『朝日新聞』2017年11月30日。

33） 『朝日新聞』2018年4月17日。

34） 例えば、大津尚志『校則を考える』晃洋書房、2021年。

第7章　イギリス（イングランド）の校則

1　イギリスの校則に関する法制度

　イギリス（本章ではイングランドを指す）の2006年教育と監査法（Education and Inspection Act）88条、89条において、各学校が「行動指針（behaviour policy）」を定めることが規定されている[1]。その制定は、学校理事会で協議し、校長が定めるという手続きによる[2]。本章では日本の「校則」にあたるものとして、「行動指針」をとりあげる。その構成、形式、分量などは、学校の裁量に任せられていて多種多様であるところがある。詳しくは後述するが、日本の校則にあたるものは行動指針以外の文書を含むこともある。以下には、主として行動指針を対象に分析する。
　行動指針が含むべき内容は、同法89条により以下のように定められている。

　(a) 子どもたちに、自律と学校当局への適切な敬意を持たせること。
　(b) 子どもたちの間に他者を尊重するよき行動を促進すること。とりわけ、子供たちの間でのあらゆる形態のいじめを防止すること。
　(c) 子どもたちの行動の基準を受け入れやすいものとすること。
　(d) 教育のなかで合理的に割り当てられたあらゆる任務を完全にできるように確保すること。
　(e) 他に、子供の行動を規制すること。

　行動指針を定める際に学校理事会は、「校長、教職員、親、児童生徒と相談しなければならない」と教育省の2012年ガイダンス文書は規定している[3]。学校理事会のメンバーに生徒代表は含まれていないが、生徒参加の経路は各学校の裁量によって確保されている[4]。また、指針のウェブサイト上の公開も義務付けられている。
　さらに教育省は、「学校における行動：校長と学校スタッフへの助言」という文書を発行している。すなわち、学校内で行動に関する指針を定める際の指

導助言文書である。以下に2024年版の内容をみる。[5]

　そこでは、「平穏で、安全で協力的な環境を提供するために、学校は行動を管理する必要がある。」「行動がうまくいかないと、学習時間の減少、子どもから子どもへの不当な扱い、不安、いじめ、暴力、苦痛へとつながる」として、学校内に「安全と尊厳をうみだす文化」の必要性がいわれている。学校は以下の「ナショナル・ミニマム」を達成するために、行動のスタンダードを定めるとされている。公費維持学校の校長は、目的を達するための手段を定めなければならないこととして、以下のことが挙げられている。

- 良き行動を推奨し、他者を尊重すること。
- 子どもの行動の好ましい基準を決めること。
- 子どもの自律と学校当局への適切な敬意を推進すること。
- あらゆる形態のいじめ（ネットいじめ、偏見に基づいたいじめ、差別的ないじめを含む）を防止すること。
- 教育に関係してあらゆる割り当てられた作業を完成させること。
- あるいは、子どもの行動を規制すること。

「公費維持学校では校長は学校の行動規範を保護者、職員、子どもに少なくとも一年に一度は公表しなければならない」とあり、同時にウェブサイト上での公開も義務付けている。

　「良き行動（good behaviour）」「悪い行動（misbehavioiur）」に関しての対処法も書かれている。「良き行動」に対処するのは、「日常の活動、期待、行動の文化の規範」をより強化するためであり、対処法として「口頭による賞賛」「親への電話または書面での連絡による賞賛」「表彰、表彰式あるいは特別集会」「責任ある地位に、例えばある決定やプロジェクトに関して」「よい活動に対しての、クラス全体や年間のグループへの褒賞」が挙げられている。

　「悪い行動」に対処するのは、「学校の文化の維持」「平穏で安全な環境の保持」「再発の防止」のためであり対処法として、あり得る懲戒の形態が以下のように定められている。「口頭による叱責とあるべき行動の喚起」「行動の説明など、書面による課題提出」「特権の剥奪」「居残り」「教室の片づけなど、学校というコミュニティの作業」「毎朝の報告を含む定期的な報告、定期的な制服検査、行動を監視して報告する」「停学」「もっとも深刻な場合、退学」。

　教師の懲戒権について、2006年教育査察法 section 91(3)に規定があり、要

件などが定められている。「特別支援の必要な生徒（special education needs and/or disability）への懲戒には、例えば「口頭での指示が理解できない生徒」への配慮を求めている。「2010年平等法に基づき、学校の方針や慣行によって障害のある生徒に対して、学校は重大な不利益が生じることを回避するための合理的な措置を講じる義務がある」、「2014年児童家族法に基づき、学校など関連する施設は障害児のニーズを満たすため『最善の努力』を尽くす義務がある」とある[6]。一方で、「悪い行動を予防する必要性」も述べられている。

居残り（detention）は放課後あるいは休み時間の前に行われうるものとして、行われる条件が示されている。「合理的な力の行使」は「攻撃をしている場合」「自分または他者を傷つけようとしている場合」「財産を破壊しようとする場合」に、学校や子ども間の秩序や規律を破壊しようとしている場合に限られる。すなわち正当防衛に該当するようなケースを除いて「力の行使」は禁止される。「所持品検査、没収」に関しても認められる要件が示される。

「教室からの退去」に関しては、「すべての子どもの安全を維持するため、高いレベルの破壊的な行動から安定性を回復するため」「破壊的な行動をする子どもをとりだして、教育が正当な環境で続けることを確保するため」「子どもを平穏で安全な場所に戻すため」に使用されるとされる。

停学、退学となると、別に教育省が示している「イングランドでの公費維持学校、アカデミー、子ども委託部署からの退学、停学（移動を含む）に関するガイダンス」[7][8]に従うべきと述べられている。そのガイダンスにおいて、校長の退学・停学処分を行う際の手続き（親への告知など）、学校理事会の停学中の生徒に対する義務や復帰の際の手続きなどが示されている。

2　イギリスの校則の例

上記の法令をうけて、イギリスの学校では行動指針が作成される。本章では、イギリスの中等学校の校則を分析対象として読み解くことによって、イギリスの特徴といえる点を見出していくこととする。イギリスの校則の形式は学校によって様々である。行動指針以外にも、制服やいじめ、特別支援教育、子ども保護、問題行動が起きたときの捜査・検査・没収などに関する指針が別文書としてだされることもある。

イギリスの行動指針の多数にあてはまる内容を示していると考えられる学

校の例として、Seven Kings School の行動指針を抄訳して紹介する[9]。Seven Kings School はロンドン北東部にある学校で、4歳から18歳の児童生徒を受け入れており、GCSE 試験の成績は全国平均や LA 平均を上回り、教育水準局（Ofsted）からの評価も高い。どちらかというと「うまくいっている学校」といえるであろう。

「1　目的」では、この規則をつくる目的として、「行動の管理に関しての一貫した方法を示す」「いじめを含む容認できない行為とみなすものを定義する」「生徒がどのように行動することが期待されているかを示す」「行動の管理に関して、学校コミュニティの様々な人々の役割と責任を示す」「報奨と懲戒のシステムの概要を示す」ことが挙げられている。

「2　法律と法的に要求される事項」としては、2010年平等法や教育省の「学校における行動と懲戒」などの文書に言及がされている。平等法は「年齢、障害、性適合、婚姻および同性婚、妊娠および出産・育児、人種、宗教または信条、性別、性的指向」を「保護すべき特性」としている。障害などに基づくハラスメントを禁止している。

「3　我々の見通し」では、「効果的な学習が行われるために、良い行動が必要である」として、すべての生徒が、「他の若者、大人に敬意をもって接する」「他の人に丁寧に話す」「自分に自信を持ち、高い自尊感情を持つ」「100パーセントの出席、無遅刻を目指す」「学校の設備や建物を大切にする」とある。

続いて、学校スタッフは「模範となる行動を示す」「すべての子ども、大人に敬意をもって接する」「互いに礼儀正しく話す」「ポジティブな援助によって生徒の自信と自尊感情をはぐくむ」「批判的な言葉や皮肉となる言葉を使わない」「日常の生徒の努力と達成を認識し、成功を祝福する」「成功、努力、達成について保護者に知らせる」「容認できない行動には注意する」「定期的な連絡を通して保護者とパートナーシップを結び、行動の改善を支援する」とある。

容認できない行動としては、「他の人の学習を妨害する」「失礼な、不適切な言葉を使う」「攻撃あるいはあらゆる種類の身体的な暴力」「人種、性、同性愛者に対する差別となる言葉」「学校の所有物の破壊、破損」「いじめ、脅迫」とある。

容認できない行動に対しては、「行動に注意する」「子どもになぜ容認できないのかを説明する」「別の行動ができたことを説明し、どうするべき、どう言うべきかを示す」「子どもがなぜそのような行動をしたかの原因を探る」「悪い

表7-1　いじめの種類

いじめの種類	定義
感情的	敵意のある、排除する、困らせる
身体的	殴る、蹴る、押す、他人の持ち物を奪う、あらゆる暴力
人種	人種的な侮辱、落書き、身振り
性的	露骨な性的発言、性的なものを見せる、性的な身振り、望まれない身体的な指摘、性的なうわさや行動についてのうわさ話、不適切な接触
直接、間接的な言語	悪口、皮肉、うわさを広める、からかい
ネットいじめ	SNS、メッセージアプリ、ゲームサイトなどでのオンラインで起きるいじめ

出所）Seven Kings School, Behaviour Policy, 2020.

行動が繰り返される場合、それが深刻であると判断される場合は、適切な懲戒が行われ、子どもを援助する。」とある。

「4　いじめ」に関して、「いじめとは、ある人や集団に対して別の人や集団が、繰り返し意図的に危害を加えること、力関係が不均衡な場合において。」と定義されている。次いで、いじめの種類として**表7-1**のものが示されている。

そして、「Seven Kings Schoolでは我々のコミュニティのいかなるメンバーのいじめ、ハラスメントを許しません。すべての生徒はいじめがあった場合は適切な大人に報告することが推奨されます。被害者、加害者に適切な支援を行います。Seven Kings Schoolはいじめに対して修復的なアプローチをあらゆる段階で用います。保護者は必要に応じてそのプロセスについて情報を知らされ、参加します。」と続く。

「5　役割と責任」では、学校理事会、校長、職員、保護者の役割と責任が示される。保護者については、「学習とコミュニティにとってポジティブな行動をとるように子どもを支援する」「子どもの行動に影響をあたえる状況の変化については、学校に知らせること」「行動に関する懸念については適切な学校スタッフに速やかに相談すること」とある。

「6　行動規範」については、「秩序を守って、自制して行動する」「学校職員にお互いに敬意を払う」「学級ではすべての生徒が学習できるようにする」「校内では静かに移動する」「学校の建物、財産を大切に扱うこと」「懲戒は受け入れること」「学校外での行動を含めて、学校の評判を落とす行動は慎むこと」と、生徒がとるべき行動について道徳的な助言を定めている。

「7　報奨と懲戒」について、まず「報奨」について中等学校では、「良き市

民的振る舞い」「突出した業績」「課外活動・スポーツの成果」「長期にわたって一貫した努力と成果、改善と進歩」に対して、報奨（絵ハガキ、認定証、バッジ（銅、銀、金）の贈呈など）が定められている。「懲戒」については、以下の定めがある。「教師は、容認されない行動をとった生徒、規則を破った生徒あるいは合理的指示に従わない生徒を法的に懲戒する権限を有している。それは、子どもに対して責任を持つすべての有給の職員についても同じ」「生徒は、学校または学校の管理下にあるほかの場所で、いつでも懲戒処分をうけることがある」「生徒は学校外の良くない行動について懲戒をうけることがある」「すべての懲戒は合理的でなければならず、それは障害、特別の教育ニーズ、人種に関する法律に抵触するものではない」「教師は学校の内外で居残りを命じることができる法的権限を持つ。それは生徒が登校している日、週末、臨時休業日に行われ、親の同意は必要でない。15分以上の居残りの場合は、学校は保護者に連絡するように努める。小学校の生徒は保護者からの連絡がない限り、放課後に拘束されることはない」「生徒が１時間まで、または学校の授業時間外に拘束される場合は、24時間以内に保護者に連絡をする」「教師は生徒の所有物を没収することができる」「悪い行動は対処されなければならず、すべての教職員は生徒の行動を改善することに注目し、援助する職業的な義務を負っている」「いかなる懲戒もよく考えられていて、一貫したものでなければならず、悪い行動とそれを行った個人を区別する必要がある。対処すべきなのは行動であって、個人ではない。教師から敵意を感じ、敬意をもたない生徒は悪い応答をする可能性が高まる」「まず教師は悪い行動に対処すべある。これは生徒の行動が許容できない場合に勧告することにはじまり、改善しない場合に徐々にそれを増やすことになる」「ナイフや刃物の学校内での所持は許されず、退学処分につながることもある」次いで、学校外の懲戒について「遠足や登下校中のバスの中、学校を代表して行動している場合など」は対象になると規定されている。

「８　行動の管理」では、児童生徒の行動管理に関する様々な事項が書かれている。まず「教室運営」では、「生徒が意欲的にとりくめる刺激的な環境をつくり、維持すること」「生徒と良好な関係築くこと」がいわれる。

「身体的拘束」では、「無秩序の原因となる」「自分または他人を傷つける」「財産を破壊する」ときに行われる、それは「常に最終手段として使用される」「最小限の力、最小限の時間だけ行われる」「関係者の安全と尊厳を保つ方法で

行われる」「懲罰として使用されない」「記録され、保護者に報告される」と書かれている。

「没収」では、禁止物品が発見された場合は没収される、生徒には返却されないと規定している。ただし、必要に応じて保護者と協議のうえ返却されることがあることも書かれている。対象となるものは、「ナイフ、刃物、工具、武器、アルコール、違法薬物、盗品、タバコ、紙巻タバコ、電子タバコ、シシャペン（水タバコ）、マッチ、ライター、花火、ポルノ画像、犯罪の実行、人身を傷つける、財産の破壊に使用された、あるいは使用される可能性があると職員が合理的に判断した物品、携帯電話、やカメラなどの電子機器」が挙げられている。「児童生徒サポート」では、2010年平等法で「保護されるべき特質」を持つ生徒へのサポートが書かれている。

「学校制服」では、「Seven Kings School の理事会は、制服は学校の精神に貢献するもの、適切な雰囲気をつくる、学校に誇りをもたせるものとして重要な役割を果たすと考えています」と述べる。

「制服に関する非遵守」では「教師は身だしなみや制服に関する学校の規則に違反した生徒を懲戒することができる」として、非遵守の場合には校長は一時帰宅させること（ただし、年齢によっては保護者が同伴する場合に限り、学校内の授業時間に帰宅させることができる。その場合は排除されたわけではなく公認の欠席となる。ただし違反が続いた場合は欠席としてカウントされる場合がある）」との規定もおかれている。

「停学」では行動指針違反の場合に適用されることがある。「退学」では、「武器の使用、所持」「薬物の取り扱い」「深刻なおどし、実際の暴力」「いじめ」「行動指針に対する継続的かつ重大な違反」「生徒が学校にいることが、他者への深刻な脅威になると学校が判断した場合」とある。

「9　生徒の移行」では、次の学年への移行（transition）に関する規定である。「10　他の方針との関連」は、「行動規範」「安全確保指針」「出席に関する指針」が挙げられている。「11 見直しのとりきめ」では、2年おきの見直しが書かれている。

3　イギリスの校則の特徴

上記の例および他校の校則を参照したところ、イギリスの校則の特徴として

は、以下の点を挙げることができる。

（1）学校の目標、エートスなどに言及がある点

既に言及した Seven Kings School においても、「Seven Kings は生徒および職員が安全で不安がないように感じられる幸せで調和のとれた学習コミュニティである。学校生活は平穏で目的意識に富んだ環境であり、それはお互いに尊敬しあう関係によって支えられる。我々の期待とは、すべての生徒および職員が適切で社会的に認められる振る舞いをすることである。スタッフの各メンバーは学習のための高い水準を促進し支えるだけの重要な役割を果たす」とある。Gladesmore Community School は「教育と学習環境をサポートするために、ポジティブな学校のエートスを推進する。……我々は以下のことを目指す。相互の尊重と集団的責任を尊重する。偏見、いじめ、混乱、暴力のない環境をつくる。自尊心、自制心、協力、寛容、義務への敬意を育む。次いで全スタッフの責任。公正を主張する、自分の行動を管理できるように生徒を指導する。[10]」と定めている。他にも、学習環境や平穏（calm）、安全、積極性、お互いの尊重、尊厳などを強調しているところが多い。安全な環境でポジティブに学習ができることが強調されているといえる。

（2）生徒の「良き心構え」にかかわることにも言及がある点

イギリスの校則は行動規範（code of conduct）が書かれていることが多い。既に述べたように Seven Kings School は生徒の行動に関する道徳的な助言を述べている。

他に、再び Gladesmore Community School をみると、以下のとおりに行動規範を定めている。[11]

Gladesmoare Community School の生徒には、以下のような行動が期待される。

・十分な学習の準備をして、時間通りに登校すること。
・学校にいるとき、登下校のときは制服を着用すること。
・学校コミュニティのすべての構成員に敬意をもって寛容であること。
・他の生徒、すべての職員と協力すること。
・平和的な学校の雰囲気に貢献できるように、否定的なふるまいはしない

こと。攻撃的になったり、いじめ、口論、喧嘩はしないこと。
・時間通りに登校し授業をうけること。
・授業では最善をつくすこと。
・ほかの生徒を適切に手助けすること。
・授業に積極的に参加し、他の生徒の学習の邪魔をしないこと。
・学校関係の整理整頓をすること。
・常に適切な言葉遣いをすること。悪態をついたりこきおろしたりしないこと。
・不適切な接触はしないこと。
・教室、廊下、運動場では礼儀正しく行動すること。
・登下校時に公園や地域のコミュニティでは適切に行動すること。
・廊下を歩くときは責任をもって行動すること。
・階段の上り下りに際しては注意をはらい、他者に気を付けること。
・授業中は先生の指示によって着席し、コートなどは脱ぎ、必要なものを準備する。
・校舎内では帽子は脱ぐこと。
・携帯電話や電子ゲームの音声はでないようにして、授業中や授業間の休憩時間には片付けておくこと。
・学校内ではガムをかまないこと。

　学校においては「積極的な行動」「適切な言葉遣い」など、規則というよりは「心構え」というべき内容が多く登場する。他にも、「時間を厳守して行動すること」「すべての生徒が学習し、成功する権利を有していることを理解していること」「宿題をきちんとやること」などの内容が含まれていることがある。自分が積極的（ポジティブ）に行動すること、他者をリスペクトすることについて言及されている。「心構え」にかかわる内容を超えてさらに、褒賞あるいは懲罰規定にかかわることが明記されていることについては、後述する。

（3）制服等に関する規定がある点
　イギリスの学校は制服のあるところは、中等学校の90パーセント以上というデータがある。[12] 制服および体操服などそれ以外の服装についても規定がおかれていることが多い。

教育省は制服を強く推奨する理由として、「学校のエートスを促進することができること」「所属意識とアイデンティティを高めること」「教育の場に適切な雰囲気をかもしだすこと[13]」をあげている。Seven Kings School もほぼその内容となっている。各学校においては他にも、「生徒間、生徒と教師の強い結びつきの意識をつくる」などと説明されている。

教育省の「学校における行動：校長と学校スタッフへの助言[14]」は、「感覚に過敏な生徒、重度のアトピー性皮膚炎の生徒には、制服の求める条件を緩和すること」とある。そういった配慮もなされている。

Kingsdale Foundation School の校則をみると、制服について以下のように述べる[15]。

> Kingsdale Foundation School の学校理事会は、制服は学校の精神をつくりだし、適切な雰囲気をもたらす、学校の内外に誇りを与えるものとして、重要な役割を果たすと考える。
>
> ・積極的な行動と規律を支持し、学校への帰属意識を高め、学校の精神の支えとなる。
> ・生徒のあいだの高い規範となる、強く、一貫した学校への帰属意識を促進する。ある生徒が仲間とまったく違って見えると、統合、平等、結束が阻害される。
> ・あらゆる人種、背景をもつ生徒が歓迎されているように感じられるようにして、特定の服装を求める社会的圧力から子供を守ろうとする。
> ・結束を育て、様々な生徒の集団のあいだのよい関係を育てる。

適切なヘアスタイルは、学校の求める極端ではない「外観の一部」として期待される。身に着けるアクセサリーについても同様に。

学校の制服には体育（PE）に必要な服装も含まれる。それは実用的で着心地がよく、活動に適したものであることが求められる。

制服指針に違反した場合は、

> ・教師は外見や制服に関する学校の規則に違反した生徒を懲戒することができる。それは行動規範に定める懲戒の規則に合致して行われる。
> ・校長（あるいは代理人）は、（極端な場合のみであるが）生徒に帰宅を命じて、外見や制服に関する規則違反をただすことを求めることができる。この

決定は生徒の年齢や親・保護者の連絡を考慮して行う。12、13歳の生徒は親と連絡がつけば同伴無く帰宅を命じることがある。
・生徒が帰宅を命じられた時は、これは停学ではなく許可された欠席である。
・制服指針ゆえの停学は、法的な停学規定に従って行われる。

上記にも登場する制服指針を見る[16]。そこでは、2010年平等法に言及して、「保護されるべき特徴（性、人種、信条、その他のジェンダー）にもとづいた差別の禁止」を述べ、「性別に基づく制服のアイテムをリストアップすることを避ける。それはすべての生徒が自分にとって最も快適な、あるいは自認する性別を最も反映する制服を着用することができるためである」「制服の費用は、すべての生徒が同じであることを確認する」「すべての生徒に長髪を許可する（ただし、われわれは後ろで結ぶことを求めることがある）」「学校にふさわしい、かつ自分にとって最も快適な髪型にできるようにする」「宗教上の理由で水着の変更を求めることは許される」「ヘッドスカーフや他の宗教的、文化的な標章を着用することを許可する」とある。

さらに、教育省の法的指針に言及していて[17]、「学校は……必要な制服が適切な価格であることを確認する義務がある。」「低価格のノーブランド品を多くとりいれる」「アイロンで付けられるスクールロゴなど、スクールブランド品に代わる安価なものを品質や耐久性を損なわない範囲で検討する」「コート、バッグ、靴など、生徒が学校以外の日に身に着ける可能性のあるものには、特定の条件を付けないようにする」などと保護者に経済的負担をできるだけかけないようにすることも明文化されている。

制服にかかわる「生徒の役割」としては「特別な日を除いて制服を正しく着用すること」、「保護者の役割」としては「清潔にすること」、「教職の役割」としては「正しく制服を着用しているかを注意深く観察すること」、「理事」には「学校の文脈にふさわしいように指針を見直すこと」などが明記されている。

そして、以下のように制服を定めている。

■ブレザー：黒色で、学校のバッジがついた伝統的なデザインのもの。
■ズボン：男女ともに標準的な黒色の学校用ズボン（ジーンズ、チノパン、レギンス、ジェギンスまたはそれに類するものは不可）。
■スカート：黒の無地のボックスプリーツスカート、ゴムウェストで、膝

上8 cm（クレジットカードの長さ）より短くないこと。スカートを着用する場合は、秋学期は黒地のタイツ（60デニール以上）の着用が推奨される。春・夏学期は白または黒のサマーソックス（足首用ソックス）を着用すること。
- ■セーター：Vネックの黒のウールニットとする（丸首、スウェットシャツ、フード付きのトップスは不可）。
- ■ネクタイ：7本以上のストライプがはいる長さの適切な色のKingsdale Schoolのネクタイ。
- ■ブラウス・シャツ：白でネクタイに適した襟のもの（常にタックインすること）。
- ■体操服：黒のショートパンツ・ジョガー、赤の無地ポロシャツ（KS3、11-14歳）、青の無地のポロシャツ（KS4、14-16歳）。（ポロシャツと体育用スウェットは学校内で購入可能。黒のサッカー・ホッケー用ソックス、黒のゲーム用スカートは任意）水着は派手でないライクラのショーツ、トランクス、ワンピース。色やブランドは決まっていない。黒か赤がのぞましい。競技の場合はKingsdaleのロゴ入りキャップを無料で提供する。
- ■オーバーコート：無地で暗い色のコート。スローガンが書かれていないもの。デニムは不可。コートは校舎内では着用しないこと（校長から特別な許可がある場合以外）。
- ■バッグ：特定のバッグの指定はしないが、色は暗い色、無地。デザインは学校環境に適したもの。
- ■髪型は適切なデザインのみ許可される。その判断は校長が行う。
- ■アクセサリー：小さなイアリングを1つ着用することはできる。ペアのイアリングは学校が許可すれば着用できる。過度なアクセサリーは期限を定めずに没収されることがある。あるいは保護者が事前に決めたときに回収しなければならない。

　制服を定める理由が、学校への帰属意識や学習する場の雰囲気をつくるため、ということを明記している、という特徴がある。服装のみならず過度な装飾品・化粧に関しては学習の場には不適切ということで禁止されることがある。また、違反の場合の処置やどこからが違反とみなすかを「校長の判断」とするなど、判断権者を明記している場合がある。違反した場合に、帰宅を命じる、

第7章　イギリス（イングランド）の校則　141

没収などの規定も明記されている。染髪についてもそれを行わないことが「期待される」とあるのは、例えば生まれつき白髪が多い生徒が本人の希望で染髪することは許可される余地を残していると読むことができよう。また、ズボンは男女ともに認められていて、「すべての生徒が自分にとって最も快適な」とあることからして、性的少数者への配慮もみられる。頭髪に男女別の規定はおかれていない。なお、Kingsdale の場合、セーターが V ネックとなっているのは「ネクタイが見えやすくするため」、イアリングが 1 つまでとなっているのは「ケガ防止のため」という合理性が説明されている。[18]

他に頭髪や化粧についてみると、イギリスの校則では、「特異な髪型」や「化粧」に関しての禁止規定は存在することがある。Henley Bank High School の例では、以下のことが「期待される」とある。[19]

　　頭髪：極端な髪型、染髪（毛先だけを染める場合を含む）は禁止される。頭髪は自然の色、一色であるべきである。トラムラインがうかびあがる髪型、モヒカン、スキンヘッドは同様である。……男女ともに髪が長い生徒は体育、テクノロジー、理科の授業中は後ろを結ばなければならない。……
　　化粧：いかなる化粧も禁止される。それは、ファンデーション、口紅、リップグロス、マスカラ、頬紅、アイシャドウ、アイライナー、眉ライナー、マニキュア、つけ爪とつけまつげを含むが含まれます。メイク、マニキュア、付け爪をしたまま登校した生徒には、落とすよう求められる。……

（4）賞罰規定、および懲戒処分規定が明記されている点
　イギリスの校則は賞罰規定を明確にしていることが多い。既述した Seven Kings School においても、良き行い（報奨）および悪い行い（懲戒）の規定の双方が書かれている。
　懲戒処分についてある程度の明示化ができているといえる。非違行為と処分の対応関係を明示している学校も多々ある。その場合同じ非違行為に対しても事情によって懲戒、懲戒処分の幅（sanction range）を持たせてはいる。
　Swanlea School は「盗み」をした場合は、「1-2日の学校内停学、物の返却または弁償、3日の学校内停学、学校外停学もありうる」としている。[20]
　軽度な違反行為について、例えば、

- 無作法な態度　例えば、先生や他の大人への返事、先生が話している間のおしゃべり、他の生徒に対して否定的な発言をする、他の生徒の学習を妨害する。
- 大声を出す。
- 教師や他の大人の指示に従わない。
- 不適切な行動　例えば、許可なく動き回ったり、部屋のなかでペンや紙を投げたりする。

ことがある場合は、まずは①「口頭での警告」であるが、生徒が学校の期待に副う行動ができていない場合は、②「学級の教師と他の大人とともに15分の居残り」、③「学級の教師と他の大人とともに1時間の居残り」、④「授業からの排除、学科長などに通告、調査とさらなる懲戒」と懲戒に段階がふまれることが明記されている。さらに、「授業、宿題、コースワークを十分に完了しないこと。」はいきなり③になることがありうる。いきなり④になることが明記される行為は以下の通りである。

- ずっと不適切な制服などを着用していること（間違ったシャツ、ネクタイをしていない、靴のかわりにズックを吐いている）
- 例えば公共交通機関で学校の評判を傷つける行為
- 学校の財産を損壊する
- 個人に対して意図的に攻撃的な言葉をつかうこと。例えば暴言、人種差別・性差別的な物言い、ほのめかし。
- いじめ
- 完全な拒否
- 学校スタッフに対する暴言
- 威圧的、脅迫的な言動
- 授業無断欠席
- 喫煙
- けんか
- 武器の所持
- 薬物の所持、使用

事実上の懲戒の内容については「口頭での警告」「居残り（分数まで明記）」

「休憩時間のはく奪」「親との面談」など、各学校によって規定されている。

また、事件があったとき（ナイフなどの禁止品の所持や盗難など）、捜査、没収などの手続き、権限についても明記されている。

（5）特別支援の必要性のある生徒に言及している点。

特別支援（Special education needs and disability, SEND）の必要性のある子どもについて、例えば Dulwich prep は、「重大な懲戒をする場合、2010年平等法に基づき SEND や特定の脆弱性をもつ生徒に対して、不利な立場におかれないように合理的な措置をとる」と明記している[21]。

West Coventry Academy は、「感覚の問題や重度のアトピーの生徒には、制服の規定が求めるものを調整する」「生徒が感覚の負荷を超えた場合、自分の情動を調整できるように安心感をえるためのスペース（そのためのゾーン、部屋）を使用できること」の規定がある。さらに、生徒の懲戒にあたっては、「生徒が規則や訓示を理解できるか」「生徒は SEND を理由に別の行動をとることは不可能であったか」「SEND を理由に攻撃的に行動することがあるか[22]」を考慮すべきと述べている。

Lyndon School では、「SEND や精神的健康に問題がある生徒はいじめの状況に巻き込まれた場合に追加のサポートを与えられなければならない[23]。」とある。

（6）いじめ防止に関する規定がある点

イギリスの校則で懲戒の対象となるものが規定されている場合は、そのなかに「いじめ」は含まれている[24]。Seven Kings でも「退学処分」の対象となっている。いじめ防止（anti-bullying）に関して学校（あるいは教育局など）によって別途詳細な規定が作成されている場合がある。一例として、Wade Deacon High School[25] をみると、その構成は以下のとおりである。「1　はじめに」「2　目的」「3　目標」「4　定義」「5　いじめの兆候」「6　いじめへの対処」「7　いじめ予防」「8　教育において子どもの安全保持」「9　ネットいじめ」「10　ヘイトクライム」。

「2　目的」としては、「学校でいじめに対処する統一的な対処法を確認する」「学校が安全で幸福な場所であり、不安を感じるときに援助を求める権利があることを確保する」「いじめとは受け入れがたい、深刻にうけとめられる、

効果的に対処されることであるという文化を確立する。」「いじめとは反社会的な行動であり、みんなに影響することを示す」とある。

「4　定義」では、「いじめとは、他の人や集団を意図的に傷つける、恐怖を与える行為である。いじめとは繰り返されるものであり、誘発もなく行われ、長期間続くこともある。いじめは力の不均衡とその悪用に由来する。いじめは対面においても、オンラインでもありうる。」とある。[26]

「5　いじめの兆候」では、いじめ被害にあう生徒が示すかもしれないこととして「通常の行動や態度に明らかな変化がある」「動揺しているようにみえる」「人と交渉しない、気分が落ち込んでいる」「特定の人の前でおびえたり、屈服したりする」などを挙げている。教職員はこれらに留意する必要がいわれている。

「6　いじめへの対処」では、記録をとる、加害者を特定する、可能であれば目撃者をみつける、可能であれば証拠を入手する（目撃者、スクリーンショット、映像）、被害者の要望、感情を正確に理解するなど、教職員の対処法が記されている。

「7　いじめ予防」では、生徒アンケートや新入生への通知が挙げられている。

「9　ネットいじめ」では、ネットいじめの類型について、ハラスメント、誹謗中傷、炎上、なりすまし、アウティング（個人情報を流出させる）、サイバーストーカー行為、グループからの排除、が挙げられている。

「ヘイトクライム」は、人種、宗教、同性愛などに対する攻撃、攻撃しようと脅すこと、言葉による暴言、侮辱をさし、犯罪とみなされることが示される。

いじめの対処法としては、修復的（restorative）アプローチ、すなわち関係者が平和的な方法により関係の修復をはかり、未来をみすえた解決を模索することを取り入れることを書いているところがある。[27]

（7）法律が引用されている点

イギリスの校則は法律に言及されていることが多々ある。既述した Kingsdale Foundation School の制服指針も2010年平等法に言及して、性的少数者の保護などを定めている。[28] 他にも例えば、Woodbridge High School の行動規範は「2006年教育査察法は、生徒の懲罰は状況に応じたものでなければならず、生徒の年齢、特別支援の必要性、障害、宗教上の必要性を考慮しなければなら

ない」と述べている。なかには、「学校の方針は最新の、法律に合致したものとするべきである」と校則に規定がある場合もある。あくまで法律の下位規範としての行動規範という位置づけである。

(8) 学校外のことについては、**適用範囲が明文化されている点**

校則とは基本的に学校内のことについて及ぶことである。しかし、一部学校外にも適用されることがありうることを、イギリスの校則は明文化している。Seven Kings School（2020）は「遠足や登下校中のバスの中、学校を代表して行動している場合など」を対象としている。Swanlea School（2023）は以下のように述べる。

行動規範は学校以外でおきた学校の責任外の容認できない行動についても、適用されます。例えば、

- ・学校のすぐ近く。
- ・登下校中。
- ・学校の一員であることが明確に識別できる場合。
- ・その行為が職員によって目撃された場合、学校に報告された場合。
- ・生徒が修学旅行や学校行事で学校外にいるとき。（教育目的の訪問、学校授業の一環、職業体験など）

そのような場合は、行動規範への違反は学校内で発生したのと同様に扱われる。

また、携帯電話・インターネットに関しては学校業務外の使用であっても警察への通報の対象となりうることが明記されている。

まとめにかえて

イギリスの校則はアメリカ、フランス、ドイツと比して、「制服の規定があること」「心得にあたる内容が多く、含まれる行動規範を定めていること」「生徒指導基準にかかわる内容も多く含まれていること」などの特徴があり、それは日本との共通性ともいえる。日本と似ているところが多いといえ、さらにそのなかでの相違点をみることは有益であろう。

「心構え」に関する内容が多く定められているとはいえ、違反すると懲戒・懲戒処分の対象になるということも、分けて示されている。日本の多くの校則

とは異なるところである。

　校則の文章の分量としては、日本よりはずっと多いものとなっている。それは無意味な方向に「細かすぎる校則」を意味しない。規則である以上、例外規定を定めるなど細部まで明確なものとなる必要があるゆえである。例えば「学校外の行動への適用範囲」「特別支援の必要性のある生徒への配慮」などをも明文化している。むしろ、日本の校則は「生徒手帳」数ページにおさまる範囲にしなければならないという事情があり、規則の例外規定をいちいち書くことができないという問題がある。

　校則にあたるものに、法令が引用されていること（法令の下位規範となっていること）、および懲戒に関する規定を明文化していることなどは米仏独と共通しているところである。日本のように法律と校則がほぼ別物として存在しているわけではない。校則に対してイングランド中央政府（国会、教育省）が法律や指針を出していて、校則がそれを反映しているところはある。

　制服のために生じる保護者の経済的負担に関する指針を中央省庁がだしていることも共通しているが、イギリスの場合は「ノーブランド」などより具体的条件をつけたうえで保護者への経済的負担の軽減を求めているといえる。また、制服以外の服装の制服以外の服装に関しての規定は、靴下などが制服の一部と考えられているという文脈で色指定が行われることはある。学校への所属意識がめざされていることが明記されているという特色がある。

注
1）　イギリスの教育に関する邦語文献は多く存在するが、日英教育学会編『英国の教育』東信堂、2017年、にも生徒指導の項目はなく、この分野を扱うものは多くない。林尚示「イギリスにおける生徒指導と特別活動」『東京学芸大学紀要　総合教育科学系』64(1)、2013年、1-8頁、鈴木麻里子「教員の懲戒権に関する考察」『日英教育フォーラム』2020年、24、33-43頁がある。なお、「パストラル・ケア」について、藤田英典『教育改革』岩波書店、1997年、藤井泰「イギリスにおける生徒指導の動向：パストラル・ケアの概念と実際を中心に」『松山大学論集』15(6)、2004年、39-56頁、古阪肇(2016)「英国の寮制私立中等学校におけるパストラル・ケアの重要性」『早稲田教育評論』30(1)、2016年、97-108頁、藤本卓「"パストラル・ケア"、その叢生と褪色」『藤本卓教育論集』鳥影社、2021年、47-76頁（2009年初出）、およびそこで引用されている文献参照。
2）　イギリスの学校理事会については、葛西耕介(2012)「イギリスの学校経営における

学校理事会の機能と役割」『東京大学大学院教育学研究科紀要』(51)、397-407頁、清田夏代「学校理事会」日英教育学会編『英国の教育』、東信堂、2017年、117-125頁。参照。
3) Department for Education, Behaviour and discipline in schools: guidance for governing bodies, 2012.
4) 邦語文献では、窪田眞二「イギリスの学校理事会への生徒参加」『季刊教育法』(92)、1993年、84-91頁参照。
5) Department for Education, Behaviour in schools: advice for headteachers and school staff, 2024.
6) 2010年平等法 (Equality Act)、2014年子ども・家族法 (Children and Families Act) について、邦語文献では水野和代『イギリスにおけるインクルーシブ教育政策の歴史的展開』風間書房、2019、257-272頁参照。
7) PRU (pupil referral units)、オルターナティブな学校組織、代替教育機関。邦語文献としては、青木栄治「1993年教育法における代替教育機関 (PRU) 設置規定の成立過程の分析」『日英教育研究フォーラム』(26)、2022年、53-67頁参照。
8) Department for Education, Suspension and permanent exclusion from maintained schools, academies and pupil referral units in England, including pupil movement, 2023.
9) Seven kings School, Behaviour policy, 2020.
10) Gladesmore Community School, Behaviour principles, 2022.
11) Ibid.
12) Guardian、2011年1月18日記事。
13) Department for Education, Statutory guidance cost of school uniforms, 2021.
14) Department for Education, 2022, ibid.
15) Kingsdale Foundation School, Behaviour policy, 2016.
16) Kingsdale Foundation School, Uniform policy, 2022.
17) Department for Education, Statutory guidance cost of school uniforms, 2021.
18) 筆者による問い合わせによる。
19) Henley bank high school, Uniform expectations, 2023.
20) Swanlea School, Behaviour for learning at Swanlea School, 2023.
21) Dulwich prep, Behaviour, rewards and sanctions policy, 2023.
　　なお、日本の校則に関する議論は、特別支援の必要性や発達障害の子どもに対する配慮が論じられることは少ない。例外的なものとして、小野田正利 (2023)「発達障害の子にとっては校則やルールの緩さが需要」『月刊高校教育』56(11)、72-75頁参照。
22) West Coventry Academy, Behaviour and praise policy, 2023.
23) Lyncon School, Behaviour policy (Secondary), 2022.
24) イギリスのいじめについて邦語文献では、植田みどり (2013)「イギリスにおけるい

じめと体罰」『比較教育学研究』47、40-50頁、イギリス教育省（佐々木保行監訳）（1996）『いじめ　一人で悩まないで』、教育開発研究所、スミス、ピーター、K（1998）「イングランド・ウェールズ」森田洋司総監修『世界のいじめ』金子書房、320-350頁、森田洋司監修（2001）『いじめの国際比較研究』金子書房、などがある。

25) West Coventry Academy, Behaviour and praise policy, 2019.
26) Department for Education, Preventing and tackling bullying, 2017、によるいじめの定義は以下のとおりである。「いじめとは、個人か集団によって時間をかけて繰り返される、個人、集団を意図的に身体的あるいは心理的に傷つける行為である。」
27) 例えば、Prendergast Ladywell School, Behaviour and Community Relationships Policy, 2023.
28) Kingsdale Foundation School, 2022, ibid.
29) Woodbridge high school, Behaviour policy, 2022.
30) Harris Academy Greenwich, Behaviour and discipline policy, 2022.
31) Swanlea School, Behaviour for learning at Swanlea School, 2023.
32) 本書 8 章参照。
33) 志水宏吉は、イギリスの生徒指導と日本の近似性を指摘している。校則にも同様の傾向があるといえる。志水は加えて、イギリスには「明確なルール」が存在することから、「日本より一見ずっと自由に見える」と述べている（志水宏吉『変わりゆくイギリスの学校』東洋館出版社、1994年、230頁）。

第8章　アメリカ・フランスの校則

はじめに

　アメリカ・フランスともに校則（にあたるもの）が存在する。両国の校則の具合的内容、特徴に関しては前著を参照していただきたい[1]。いずれも、その国々において、国や社会が学校になにを求めているかを反映しているとも考えられる。

　アメリカ合衆国では、州や学区によって法制度は異なる。しかし、全国調査において学校に求められているものは、進学（college）や職業（carrer）につらなる学力向上とシティズンシップ（citizenship）の3Cとされている[2]。アメリカの公教育は歴史的に市民（citizen）の育成が目指された経緯がある。公立学校内で宗教教育は行われないが、学校内への宗教の持ち込みには寛容である。学校が学力だけでなく人間形成的な役割を果たしているところもある。

　フランス共和国では「知識の伝達に加えて、共和国の価値を共有させること」が法律上の教育の目的とされている（教育法典 L. 111-1）。すなわち、共和国の価値（自由、平等、人権の尊重、法の尊重・遵守など）を理解し、学習を通して知識とそれを動員して問題を解決する力を身に着けることによって学問的・科学的な教養（culture）を身に着けて、よりよい人生を送ることが目指される。非宗教的な共和国（憲法第1条）であるフランスの公教育では、公教育と宗教は厳格に分離される。宗教は私事であり、公立学校内ではあくまで「市民の育成」が目指される。

　これから、米仏の校則についてみていく。両国に共通していえるのは、ともに学校においては市民の育成および学力の向上が目指されていることが校則からうかがえるところである。それは例えばアメリカでは出席のルールが厳しく定められていること、フランスでは「勤勉の義務」が明記されていることなどに現れる。一方で、日本の校則（生徒心得）は生徒指導にかかわることのみ言及されていることが多い。次いで、校則は規則であり国の憲法や法律、政令な

どの下位規範に位置づけられていることがある。憲法は人権を保障するもの、法律以下の規定は権利保障を実現するための下位規則にあたる。それゆえ、法令の条文の引用がある。法令の枠内をこえる校則が作成されることはない。また、国や州、教育委員会の政策実現のための校則でもあるゆえに、関係文書の引用もある。明治６年の文部省正定「小学生徒心得」から出発していて儒教の影響があり、未だに明確な法的根拠はない日本の校則とは書きぶりが異なる。法治主義より徳治主義にもとづいているかと思われるところがある。米仏の両国でどのような規定が存在し、いかに生徒（だけでなく学校関係者）の権利を保障するものとなっているかという観点から読み解いて実態を明らかにしていくことを本章の目的とする。

1　アメリカにおける生徒規則（校則）

（１）アメリカにおける生徒規則に関する規定

　アメリカ合衆国では教育は州の権限で行われるというのが原則ある。州ごとに教育に関する法律が異なる。州、学区に教育委員会が設置されて、規則や方針が示される。州によって例えばカリキュラムが違うということもありえる。くの学区や学校は生徒の権利と責任などを定めたハンドブックなどを作成している。その内容について、主としてアメリカ合衆国の大都市の一つであるイリノイ州シカゴ[3]の公立学校のものをとりあげて分析し、その特徴などを述べることを試みる。なお、これから述べることは他の州や学区における校則にも多くあてはまることとはいえるが、さらなる検討は今後の課題とさせていただきたい。

　シカゴ教育委員会は「生徒の権利と責任に関するブックレット[4]」というブックレットを作成している。同規則は「この枠内で学校は規則をつくることできる」と述べていて、イリノイ州法やシカゴ教育委員会が出す規則、政策文書とともに、各学校に影響を与えることは想像に難くない。

　同ブックレットは、まず「生徒の行為規範（code of conduct）は「学校が安全で、成長のためとなり、参加でき、創造的な学習環境を保持するためにある」と述べている。そして、「学習時間を最大化すること。ポジティブな行動を促進すること」を強調する。

　生徒、保護者、学校職員、学校管理者それぞれに権利と責任があることを明

記している。生徒の権利は以下の項目に分けられている（番号は大津による、以下同じ）。

① 無償で質の高い公教育を受けること。
② 学校において安全であること。
③ 公正に、礼儀をもって、尊重されて扱われること。
④ 学校長あるいは職員に解決をもとめて不服や問題を伝えること。
⑤ （懲戒の）結果をうける前に弁明をすること。
⑥ 口頭または書面で懲戒行為についての理由を知らされること。
⑦ 懲戒行為について、上訴することに関する情報を与えられること。
⑧ 意見を表明し、主義を主張し、問題を議論するために集まり、平穏に責任をもってデモに参加すること。

①〜④は安全に教育を受ける権利の保障およびその周辺事項とまとめられる。⑤〜⑦は懲戒処分に関する手続き的な権利、⑧は表現の自由などに関する市民的権利といえる。あくまで将来の進学や就業準備のために必要な学力を身に着けるための規定であり、そのために安全な環境で教育を受ける権利が保障されるべきとなる。学校の雰囲気（climate）の保持もよく強調される。いじめ（bullying）やハラスメントがない、よりよい雰囲気、環境が求められる。

なお、いじめに関しては同規則では以下のように定義されている。

生徒にむけられた身体的あるいは言葉による行動（書くことやネット上のコミュニケーションを含む）行動であり、以下の条件をすべて満たすもの。
① いじめる行動をする生徒と被害にあう生徒の間に力関係（自覚された、あるいは観察できる）があること。
② 行動は重大であり、広がりをもつ（複数回繰り返される）こと。あるいは行動が繰り返されがちなこと。いじめはしばしば継続的であるが、一度であってもそれが重大で、他の条件を満たしていればいじめとなりうる。
③ 行動をする生徒の意図が、被害にあう生徒にとって身体的、感情的な害を引き起こすこと。
④ 行動が以下の一つまたはそれ以上の結果をもたらすこと。
　a　生徒自身、あるいは生徒の財産にたいして合理的な危害の恐れを生じさせること。

b　生徒の身体的あるいは精神的な健康に明白に悪影響を与えること。
　　　c　生徒の学業成績に明白な妨げとなること。
　　　d　生徒が参加することや、学校から提供されるサービス、活動、特権をうける利益を妨げること。

　いじめに関しても「生徒の学業の妨げ、学校活動の妨げになること」が定義に含まれている。被害者の教育をうける権利の侵害になっていないかを考慮しているといえる。

　懲戒処分を行う際の手続き的権利に関しては、アメリカの校則は極めて詳細である。停学処分を科すことは生徒の教育をうける権利を一時的に剥奪することであるから、告知と聴聞は必須であり、しかもかなり厳格な手続きが求められている。[5)]

　市民的権利に関して、アメリカの連邦最高裁は1969年のティンカー事件（393 U. S. 503）において、ベトナム戦争の戦死者を悼むことを意味する黒い腕章の校内での着用を「生徒あるいは教師は言論・表現の自由という憲法上の権利を校門で捨てるということはできない」ことを理由に認めている。それは時には校則に引用されることがある。アメリカの生徒規則は学校内での生徒の市民的自由を保障する。

　アメリカの生徒規則は権利（rights）について明確に書いているといえる。さらに、権利と特権（privilege）を区別して書いている。安全な環境で教育を受けるのはすべての生徒に適用される権利であるが、例えば、「部活動（extracurricular activities）に参加する」「インターネットを利用すること」などが、許可を得た一部のものだけに認められる「特権」として明記される。アメリカの学校では部活動に参加するには成績などの要件が課されることがある。

　保護者の権利としては、次の通り挙げられている。①子どもの教育に積極的にかかわれること。②校長、教師、職員から公平に尊重をもって接されること。③シカゴ教育委員会の政策や手続きの情報にアクセスできること。④もし子どもに不適切なあるいは破壊的な行動があって懲戒処分をうけるときは迅速に知らされること、懲戒の結果を知らされること。⑤懲戒行為に異議をとなえること。⑥子どもの成績、行動の進歩について情報を得ること。

　このように子どもの教育にかかわること、その前提として情報入手（成績、懲戒処分についてなど）にかかわる内容が権利として明記されている。

学校職員の権利としては、次の通りである。①安全に秩序だった環境で働くこと。②礼儀正しく敬意をもって接される。③学校管理者、ネットワーク、学区の部局に不服や懸念を申し立てられる。④有益な職能開発の機会や資源をうけとることができる。

生徒、保護者、教職員すべてが権利の主体者として、学校の構成員として適切な対応をうける権利があると明記されている。権利の対語としておかれているものは責任（responsibilities）である。学校関係者がそれぞれ「適切な対応をうける権利」があるということは、互いに「適切な対応をする責任」があることが導かれる。

生徒の責任として掲げられているのは、以下の通りである。

① この冊子の方針を読み、理解しておくこと。
② 毎日出席し、授業の準備をし、自分の能力でできるかぎり授業と宿題をやりとげること。
③ 学校の規則および校長、教師、他の職員からの指示を知り、従うこと。
④ 学校内、登下校中、学校コミュニティにおいて、危険な行為やいじめを見かけたら学校職員に伝えること。
⑤ 学校には許可されているものだけ持ってくること。
⑥ 学校コミュニティのなかでみんなに敬意をもって接すること。
⑦ 学校、コミュニティ、他者の財産を尊重すること。

①③で規則を知っておくこと、③でそれを遵守することがいわれる。②で学習する責任が書かれる。学校コミュニティに関わることとして、④でいじめへの対処、⑤で危険物などの所持禁止、⑥で敬意をもってみんなに接する、⑦で財産を破壊しないことが言われる。

保護者の責任としては、①規則を読んでおくこと、②子どもを遅刻することなく規則的に出席させること、③欠席の場合は事前に連絡すること、④現在の連絡先を正確に知らせること、⑤不服があるときも敬意をもって時宜を得て伝えること、⑥子どもの学習や行動について校長や教職員とともに努力すること、⑦家庭での学習や活動をサポートすること、⑧教職員、生徒に敬意をもち礼儀正しく接すること、⑨他の生徒のプライバシーを尊重すること、である。

教職員の責任としては、すべての生徒に行動の規範を明確に教えること、改めて説明すること、および模範を示すこと、校舎のあらゆる範囲を管理し、よ

い方向にむけて使用すること、学習活動の機会を提供し、中断する可能性を最小限にすること、などである。

校長などの責任としては、学校安全のために予防策の実行状況を監視すること、学校規律の改善案を準備すること、効果的な学校規律のガイドラインを作成することなどが書かれている。

いずれも子どもの学力向上にかかわること、他の生徒、教職員との円滑な関係を保持するためのものである。それは、他にも校則において、欠席の場合の手続きが厳格に定められていることや、停学処分に厳格な手続きを要求していること、学校の雰囲気を重視する文言がよく登場することにもうかがわれる。

服装や髪型に関しては、「服装規定、制服指針は性に中立でなければならない。歴史的に人種、民族、宗教や髪質に関連した髪型（編んだ髪、ドレッドヘア、ツイストヘアを含む）、頭部を覆うものは禁止できない……。服装規定、制服指針に違反した生徒は居残りを命じられることや、課外活動への参加を禁止されることはあるが、授業に出席できないことはない。生徒の服装が教育の過程を混乱させるものである場合（例えばギャングに所属していること……を示すもの）は、さらなる懲戒をうけることがある[6]。」と書かれている。「人種、民族、宗教や髪質に関連した髪型」に関しては、2022年1月に施行されたJet Hawkins Law（イリノイ州法）をうけて追記された規定である。

また、「偏見に基づいた、差別的な行動」やそれに基づくいじめは禁止される。

憲法・法令に関しては合衆国憲法修正第一条（表現の自由、信教の自由などを定める）、およびタイトルⅥ（人種、皮膚の色、国籍による差別の禁止）、タイトルⅨ（性差別の禁止）に言及があり、委員会が定めた「包括的反差別、セクシュアル・ハラスメント、性的不品行に関する方針に一致した内容とすべきことを述べている。他にも例えばシカゴ教育委員会規則に体罰禁止規定があることに言及しているなど、イリノイ州教育法、教育委員会の規則・方針に合致させている。

次いで、生徒にとっての不適切な行動を1〜6段階にグループ分けして、それに対する「ありうる処置」を述べている。第1グループは「学校内で過度な騒音を出す」「許可なく教室から抜け出す」などで、「放課後居残り」などの処置となる。第6グループは「火器、破壊するためなどの武器（武器にみえるもの）を所持し、あるいは使用すること」であり、「退学へむけての聴聞などの

処置」となる。「いじめ」は第三グループであり、ありうる処置としては「教育的、矯正的、修復的措置」、「居残り」や「3日以内の学校内停学」などが明記されている。事情に応じた対応ができるように、ありうる処置の幅は持たせてあり、「不適切な行動」とそれに対する処置をあらかじめ明記している。「罪刑法定主義」の精神を学校においてもつらぬいているといえる。

(2) アメリカの校則の実態について

それでは、これらの規則を踏まえてどのような校則が定められているのであろうか。以下に、論点を絞ってみていくこととする。

① 生徒の権利と責任について

ある学校の生徒規則の例をあげると、生徒が有する権利と責任として、以下の事項を挙げている。それは、既に触れたシカゴ教育委員会の規則を反映して作成されているのは明らかである。

・感情的、身体的、精神的に安全であること。
・他の生徒、教職員から個人として尊重され、礼儀正しく敬意をもって接されること。
・教職員、他の生徒および財産を尊重すること。
・あらゆる学校活動において、人種、宗教、宗教的実践、性、性的指向、ジェンダー、ジェンダーアイデンティティ、国籍、民族集団、政治的な参加、年齢、家族の地位、障害にかかわりなく同等に参加すること。
・能力を最大限発揮できるように毎日通学し、必要な授業の準備や宿題についてサポートをうけること。
・教職員に、学習環境や自分が教育を受けることに関して影響を与える問題については知らせること。
・自分の行動の決定や結果については、学校職員に自分の主張をすること。

「毎日通学」とあるが、欠席が認められる場合は「病気、通院、宗教上の祝日、予約された大学訪問、近親者の死亡、証明できる家族の緊急事態」と明記されていて、保護者は授業がはじまるまえに連絡する義務を負う。「遅刻・早退」に関しても認められる場合が明記され、「生徒はできなかった学習の埋め合わせをしなければならない」とある。病気などで医者が認めた場合は「家庭に基盤をおく教育」がありうることも記されている。学校によってはさぼり

(truant)が多い生徒にはその日数に応じての対応がなされる。ある学校では5日、10日、15日欠席ごとに連絡がいき、20日欠席すると停学までありうることが規定されている[8]。生徒の「教育をうける権利の保障」のために、欠席や遅刻・早退に関しては厳格な規定がおかれている。

② 生徒の身だしなみ（服装）に関して

制服を定めていないシカゴの服装関係の校則の一例として、William Howard Taft High School のものをあげる[9]。

　ドレスコード

　　我々は個々の生徒に生徒のあいだでの自己表現を推奨するが、我々は教育目標を設定しており、生徒の服装に限度を要求してもいる。

　　学校の管理部長は生徒が着用する服装に適切さを決定する。

・生徒はスラックス、ズボン、ジーンズ、スウェットパンツ（ジョギング用）、レギンス、ヨガパンツ、スカート、スコート、ショートパンツは着用してよい。

・透明のものであってはならないし、下着（ブラジャー、ブリーフなど）が見えるものであってはならない。

・頭をおおうもの（帽子、バイザー、ヘアバンド、スカーフなど）は一般的に許可されるしかし、安全のためにフードは学校内では禁止される[10]。

・挑発的、侮辱的、不適切な言語やデザイン、こきおろしを含む言葉（すなわち、私はバカと一緒にいる）あるいはヘイトスピーチとなる言葉を含むものは着用してはならない。

・暴力、ドラッグ、性的な暗示、ギャングに所属していることを示す衣服、宝石は不適切である。アルコール、タバコ、武器について書いているいかなるものも含む。

　ドレスコード違反について

　　ドレスコードに合致しない服装の生徒は、生徒部長室に来て、その日がおわるまでタフトのシャツとパンツに着替えることを要求される。そのときタフトの服装を返して自分の服装を着用することもできる。タフトの服装を棄損した者は弁償しなければならない。別のこととして、親に連絡して適切な服装で下校することはある。

学校のドレスコードに従わなかった生徒は、居残りや、課外活動への参加を拒否されることはある。しかし、授業の出席を拒否されることはない（ハロウィーンの日に関しては、コスチュームで学校にきてよいゆえの特別の規定がある）。

　多くの学校で、猥褻や人種差別的表現、極端な露出は「学習の場にふさわしくない」「敬意を欠く」として禁止されている。「自己表現」にかかわるものとして、ヘアスタイルのほかタトゥー、宝石、靴下、ピアスなどのアクセサリーに関しては個人やアイデンティティの表現としては問題ないとされる。ただし、「猥褻、性的に下品な表現」「ドラッグ、アルコール、タバコ、暴力、犯罪行為を誘発する表現」などは学校では認められない。

　タトゥーなどに関してある高校では、[11]「学校ではボディーピアスやタトゥーは服などで覆い、見えないようにすること」とある。通常の服装で直接見えない箇所であれば学校にとって禁止する必要はないわけで、学習環境を守るために最小限の規制にするようにしているといえる。「禁止されるタトゥーであるかは、学校職員が判断する」など、判断が難しいことが生じるときに、判断権者を明記している場合もある。明確なルールを定めてトラブルにならないようにする工夫といえる。

　学校内における宗教上の表現については、「合衆国憲法修正第一条が保障する宗教的実践の表現や宗教にもとづいた外見を自由に表現する権利を妨げるものではない」と寛容に認められている。あくまで、憲法上の権利は学校で制限されることはないことは、既に触れたティンカー判決も述べている通りである。

　服装に関しては、制服（uniform）を定めている学校は、最近増加しているものの全米で2割程度である。その場合、「パンツ・スカートはチャコールグレー、ネイビーブルーか黒」「指定されたネクタイ」「靴下は黒、青、グレー」と規定がある場合もある。靴下なども制服の一部という場合には色の指定がされることがある。

（3）生徒規則に関する教育について
　アメリカでは社会科系教科に関して教育スタンダードがつくられている。カリキュラムの内容は州や学区によって異なるが、シカゴでは社会科学（国際社会について、合衆国史など）とともに公民科（civics）は必修とされている。そこで

は、政治制度や背景となる理論についてだけではなく、市民的な実践（投票、ボランティア、社会を改善しようとする運動など）についても学ぶという特徴がある。「参加」についての学習は、国政への参加だけでなく、学級や学校、近隣、コミュニティや社会のグループ組織への参加を含めてである（NCSS 2013）。

シカゴの政策文書では、市民的参加を教える学習プロセスとして、「学級での討論」「学校ガバナンスへの参加と意思決定への参加」が挙げられている[12]。高校の八割程度には、スチューデント・ヴォイス・コミッティー（SVC）が設置されている。それは、学校改善のために生徒と大人が共働する試みである。生徒にとって意思決定過程やリーダーシップを学ぶ機会にもなる。学校だけでなくコミュニティの変革を目指す場合も多い[13]。SVCでは週１〜２時間集まり、一〜二時間活動をする。さまざまな学校にかかわる課題について生徒達で分析し、次いでアクションプランを作成したり校長を交えた機会でプレゼンしたりする。その際には校則が話題になることもある[14]。「生徒の声」が学校の方針へ影響をあたえる機会を持ち、交渉や熟議をすることが、政治参加にかかわる教育の一環と位置づけられている。

2　フランスにおける校則

（1）フランスの校則に関する規定について

フランス共和国は「単一不可分」であり、全国統一の法律、政令、省令、通達が教育を規定する。校則（Règlement intérieur, 直訳すると「内部規則」）についても共和国の法令のコントロールをうけるのは例外ではない。

現在では、校則に含まれるべき内容は教育法典（R. 421-5）及び通達（2011-112）によって詳細が定められている。教育法典は「校則は教育共同体の構成員の権利と義務を定める。それは市民的振舞いと態度の規則ともなりうる」と述べる。それに続く通達は、校則は「登校時間と下校時間、交通機関を学校前で待つときのルールなど、各学校で決めるべきこと」「教育共同体の構成員が生かすことのできる権利と責務の行使をする条件について、学校のコンテクストに載せて決定すること」という帰結になる規定をしている。すなわち、学校におけるローカルルールおよび、学校という文脈に載せた権利と責務に関する規定である。その内容については、大まかには以下のようにまとめられる。

① 教育という公役務の原理
　フランスの教育をつらぬく原理（教育の無償、中立、非宗教）のほか、各々の義務として、勤勉、時間厳守、寛容、他者の尊重、機会均等の尊重、男女平等の扱い、あらゆる心理的、身体的、道徳的暴力を行使しないことが挙げられている。大人と生徒の間での「相互の尊重」も明記されている。

② 学校内の生活規則
　学校の組織（授業開始時刻、休憩時間、学校の器物の使用ルールなど）、学習にかかわること（成績の出し方、評価と通知表、連絡帳、図書館使用のルールなど）、生徒に関すること（遅刻・欠席の管理、外出のルールなど）、学校生活（携帯電話など）が挙げられている。

③ 生徒の権利
　高校では表現、結社、集会、出版の自由が保障される。それらの権利は無制限ではなく「多様性の尊重、中立性の原理、他者の尊重」に基づくべきとされる。

④ 生徒の責務
　教育共同体の構成員の権利と義務を尊重すること。勤勉の義務を果たすこと（教育課程の一部拒否、出席拒否は原則認められない）、他者の尊重、あらゆる暴力を行使しない責務が規定されている。

（2）フランスの校則の実態について
　フランスの校則の実態について、以下に論点を絞ってみていくこととする。
① 学校という文脈にのせた生徒の権利と責務について
　フランスの高校生の権利に関しては、「表現、結社、集会、出版の自由」が一九九一年政令に定められている。それは同年の高校生の出版（貼紙、学校新聞など）の自由を明記した通達とともに多くの校則で引用される（中学ではこのうち、集会の自由のみ）。
　「表現の自由」に関しては、ある高校は「生徒はそのための掲示板に、公益に関する文書を張り出すことができる。ただし、政治や宗教、商業にかかわる貼紙は公教育の中立性の観点から認められない」「あらゆる貼紙をする場合には、校長または代理人に知らせることが必須である[15]」と定めている。校長が貼

紙を許可しない場合は、後日学校管理評議会への報告が必要とされていて、恣意的な禁止はできない制度となっている。

「結社の自由」に関しては、スポーツや文化活動を行うクラブ活動である「高校生の家」を結社することができる。それは1901年結社法に基づいたものであり、現在では16歳以上の生徒であれば会長、書記、会計の係につくことができ、他の生徒も加入は認められる。

生徒の懲戒・懲戒処分の手続きの保障は生徒の権利保障の一環である。それに関しても校則に明記されている。重大な懲戒処分の場合は「懲戒評議会」が開かれ、そのメンバーは校長、教員、生徒指導専門員など教員9名、生徒代表3名、親代表2名の合計14名である。採決をとるときは、校長の一票も生徒代表の一票も同じ一票とカウントされる。

学校という文脈にのせた生徒の責務としては、よく書かれるのは「勤勉」である。ある校則では「勤勉であるという責務は、1989年7月10日の教育基本法第10条に規定されている。……登録している必修および選択の教育を課す。……意図的な欠席は懲戒処分の対象となる。遅刻することは学校全体に迷惑となることであり、時間厳守が求められる[16)]」とある。欠席が認められる理由としては、「病気、家族の感染症（医師の証明が必要）、家族の重大な集まり、一時的な法的な保護者の不在、急なアクシデントで伝言が困難になった場合、宗教的な祭日、16歳から18歳の生徒が国防・市民性の日に出席して話を聞く時」と校則に列挙されている。遅刻に関しては「8時30分から14時まで正門は閉められる。15分以上遅れると授業出席は認められない[17)]」と定めている。

授業欠席に関しては、体調不良のときあるいは身体的事由で医者が認める場合には体育授業の欠席は認められる。しかし、例えば宗教上の事由で欠席が認められることは原則ない。

② 服装、所持品の規定

服装などに関して「宗教を誇示するもの」以外に関して法的規制はない。フランスの中学校・高校は制服を指定しているところは少なく、服装は基本的に自由である。マクロンは2024年1月には「学校制服の一部導入」という発言をしている。それをうけてか、2024年2月に国民教育省は制服の試験的導入についての通知をだしている。その目的としては、「社会的差異を軽減し、外見によって判断されることをなくし、不平等や宗教宣伝をなくすため」といわれて

いる。さらに、「生徒間の結束を強化する、学校風土を改善する、学習の場の雰囲気をつくり、学校の内部を平等にする、生徒間の帰属意識、一体感をつくりだし、学校のイメージをよくする」とある。服装のための費用（200ユーロ）は国や自治体が負担する。2024年に100の希望する学校が参加し、それは2026年に「一般化」することを表明している。この通りになるかどうかは現時点では定かではない。[18]

　宗教を誇示するものとして、例をあげるとキリスト教の十字架の大きなペンダント、ユダヤ教のキッパ（帽子）、イスラーム教のスカーフは学校内での着用は禁止される。

　校則を読んでも宗教に関すること以外の規制をおいていないところもある。2011年通達の附則としてある「中学生の市民精神憲章」で「中学校には適切な（convenable）服装で登校すること」とはある。「良識にかなった（décente）服装で」とのみ書いてあることがある。その場合、なにが「良識にかなった」となるのかが問題になりうる。学校によってはキャスケット帽、破れたあるいは穴のあいたズボン、ショートパンツ、ジョギングウェア（体育の時間を除く）などが禁止項目にはいっていることもある。どうしてジョギングウェアで授業に出席してはならないかというと、「良識、常識に反するもの」ということにならざるをえない。何が「良識、常識」になるかは明文化できないこともあるという判断であろう。

　フヌイエ中学では「衛生、道徳、安全のルールを尊重する良識にかなった服装が求められる」とある。「良識にかなった」とは、同校ではそれをうけて校長は「クロップトップ（crop top, 腹部を露出するような短いシャツ）、ショートパンツ、肩ひもなしの極度に露出したブラジャー型上衣」「ミニスカート」「穴の開いたズボン」は禁止されると述べている。[19]

　デュクレール市のギュスタヴ・フロベール中学校「クロップトップを着用していたために２日間の停学処分」をうけたということがあった[20]。生徒と親たちの一部をふくめてそれは「ファッションの一環」という声もあがっている。

　マクロン大統領はクロップトップを学校で禁止することに賛成する発言をしている[21]。「適切な範囲」は時代や地域によって異なるともいえ、定義することは不可能である。校則の改廃権は学校管理評議会（校長が主催、教師や生徒代表、保護者代表も参加する）にあるが、問題が生じたときは、そこで話し合うほかない。ある高校校長は「対話と禁止される理由の説明」が求められるという。[22]

所持品の規制に関して、法律（教育法典 L. 511-3）は、「幼稚園、小学校、中学校における携帯電話、他の電子通信機器の使用は禁止される。……教育的使用などの例外に関しては校則で定める」をうけて、中学の校則では携帯電話の禁止規定をおいている。危険物（武器、ナイフ、マッチ、ライターなど）の所持は禁止される。音楽再生機器（MP3プレーヤー、ポータブルCDプレーヤーなど）の禁止は特に中学では書かれていることが多い。高校では「貴重品（宝石、鍵、MP3プレーヤーなど）の所持は生徒の責任である」と自己の責任による所持の自由が明記されていることが多い。

　基本的には法律に基づいた記述がなされ、それに加えてパターナリズム的（例えば紛失の危険がある以上貴重品の持ち込みは禁止するなどの）な規定があるといえる。

（3）校則に関する教育について

　フランスの中学では社会科系教科として、「歴史、地理、道徳・市民」が置かれている。そのなかで道徳・市民科は、市民としてのもつべき道徳を教える、共和国の価値を教える時間として位置づけられている。

　中学一年生むけのある「歴史、地理、道徳・市民」科教科書[23]などを手掛かりに、入学したばかりの中学一年生に対して校則についてどのような学習が行われているかをみることとする。

　最初に「中学」それ自体について学ぶ。中学とは価値観や家庭環境などを異にするものが「共に生きる」場であり、教育をうける権利が保障される場である。中学では小学校とは異なり、各クラスで生徒代表を二名選出することが法定されている。中学は「民主主義の習得の場」という位置づけをうける。クラス代表の二名が集結して「代表の代表」が選出される（中学では三名、高校では五名）。「代表の代表」が学校管理評議会に参加する。学校管理評議会は校長が主催し、教職員代表、地域代表、生徒代表、親代表など約三〇名で構成されるが、校則のほかにも予算、決算、学校教育計画の策定など広範な権限を持つ。そういったことは中学に入学すると担任や歴史・地理担当の教師、生徒指導専門員から説明をうける。

　生徒代表の役割、選挙運動や段取りについての説明もなされる。代表となった人は学級評議会の前にクラスの意見を集約することなどの役割が求められる。「共に生きる」ための規則としての校則である。「どうして、校則によって、よりよい共同生活が送れるようになるのか？」という問いが投げかけられる。

フランスの中学修了試験では、校則が出題されたこともある[24]。校則に関する文書が提示されてそれに基づいて答える問題がでたあとに、「あなたは小学五年生（フランスでは最高学年）を中学に迎えます。小学生はあなたに「校則について知っていることは、大事なことではない」といいます。あなたは彼に「校則の良いところ、知っておくことの必要性」を説明してください」という記述問題が出題された。校則の意味や内容についての理解が求められる。解答例としては、以下のようになる[25]。

> まず、校則は必要です。なぜなら校則は学校共同体構成員（生徒、教師など）の権利と義務を規定しているからです。それは学校の規則と原理を決めています。例えば勤勉という責務、保護者の情報への権利、「共に生きる」という原理。
> 校則は学校組織に必要なことを定めています。生徒の登下校の時間を時間厳守という観点からも定めています。危険や法律違反を避けるためのある種の物（武器など）の使用禁止などをです。
> 結局、校則は必要なのです。もし責務に関する規則を守らなかったら、その行為の重大さに応じて懲戒をうけるかもしれません。懲戒については校則に書かなければならないことです。すべての生徒は違反した場合は、非難や懲戒処分をうけることを知らなければなりません。

まとめにかえて

 アメリカ・フランスの校則（生徒規則）ともに市民的自由の規定が含まれており、相互の人権の尊重にかかわる規則であること、規則は民主的に決めるものという観念を含んでいる。校則が市民性教育の教材ともなっているところから、学校内の市民的自由を保護する規定であることが見て取れる。学校で育成されるべきなのは「市民」なのか「人間」なのか。仏米ともに「市民の育成」が強調されているが、日本は人間の育成のための学校という観念がある。アメリカはフランスより生徒指導にかかわる規定（人間教育に関与する）が多く、米は仏日の中間と位置づけることは可能であろう。そして、それが校則などに反映されていると考える。すなわち、フランスは「市民として持つべき資質」の育成に公教育の役割が限定されているのに対し、日本は「人格を全面的に発達

させる」ことまでが公教育のめざすべき射程となっている。

　服装についてみると、フランスの学校はほとんどが私服である。「きちんとした服装で」などと規定されているのみである。ただし、宗教を誇示する服装（イスラーム教を示すスカーフなど）は法律が存在することもあり厳格に禁止される。アメリカは私服の学校が多いが、生徒の表現の自由として服装の自由は認められている。ただし、表現の自由は無制限なものではなく、人種差別表現や猥褻表現、極端な露出などは禁止される。制服が定められている学校は少数ではあるが「パンツ・スカートの色」から「靴下の色」が指定されることもある。色が指定されるのは、制服とその一部と考えられている場合のみである。日本は制服を定める学校が多いが、学校によってはセーターや靴下の色まで指定があったり、「華美でない」などの規定が存在することがある。学習の場にふさわしい着用を求めるというよりは、服装に関するルールを守らせることが自己目的化しているという学校もあるかと思われる。

　生徒の懲戒処分に関しては、アメリカ・フランスともに規定が詳細である。特に、アメリカの懲戒手続きに関しては刑事処罰と同じ程度かと思われるくらいの手続きが要求されている。米仏ともに刑事処罰の場合とパラレルに考えられるように（罪刑法定主義の援用、手続きの遵守など）実施されている。一方日本では、校則に懲戒処分に関することが全く書いていないことが多く、実際に処分（公立中学では訓告、高校では加えて停学・退学）が発動されるのは特に中学ではごくわずかとなる。出席停止の措置がとられる件数も近年減少傾向にある。[26]

　日本の校則は法的な根拠のあるものではない。通常、明治時代（1873年）の文部省「小学生徒心得」に起源をもつとされ、今日に至るまで多くの学校が「生徒心得」の文言を使用している。あくまで「心得」であって、学習や学校生活にあたっての心構えを規定することやしつけにかかわることが、今日においても残っている。もちろん、「心構え」の規定が必要な場合もあるが、それですべての問題が解決できるわけではない。

　一方で、米仏においては生徒や学校構成員の権利についての記述があるのが当然である。構成員の権利保障が規定され、他の法律や国（州、学区）の政令、教育委員会規則などとの一貫性もとられている。また、生徒の教育を受ける権利の保障と連なることである、生徒に学力をつけるためのことを意識した規定が多くある。

　校則についての学習に関して、中学校社会科や道徳科の学習指導要領に「き

まり」が登場することはある。しかし、社会科教科書（中学、公民的分野）の当該箇所をみると「きまり」については「体育館を複数の部活動が使用する場合、きまりをどのように決めるのがよいか」など学校のルールが問題としてとりあげられることはあるが、校則や生徒心得そのものを問題にしようとする教科書は主要なもののなかにはない。道徳や特別活動（学級会・生徒会）を含めても、生徒自身にとっても最も身近な「きまり」であるはずの校則についての学校や学級で問題にすることが盛んとはいえないであろう。次いで、生徒の声を集約する経路も十分にできているとはいえないであろう。

　校則の改正手続きに関しては、特にフランスは学校管理評議会に決定権があると法令に明記されている。日本の「校則の見直し」は文部科学省や教育委員会から通知などがいく場合がある。それは1990年代においても同様であったが、誘導や説得が行われているものの²⁷⁾あくまで校則の制定権は学校（校長）にあり、強制力を伴うものではない。本章執筆時において「校則の見直し」が進行中であるが、不徹底なものに終わらせないためにも、フランスのように校則を法令上の位置づけとして、含むべき内容も明文化してその内容に従うことを義務付けるということも考えられるのではないか。例えば、「校則の見直し」の基準として神戸市教育委員会は、「さまざまな文化や性の多様性への配慮がないもの」「健康上の配慮がないもの」「その他合理的な説明が難しいと思われるもの」を挙げている。全国的な統一基準をつくることも考えらえるのではないか²⁸⁾。もちろん、教育委員会による地方自治や学校の自治がないがしろにされてはならない。

注

1） 大津尚志『校則を考える』晃洋書房、2021年、87-122頁。
2） Ferguson, M., "Academic emphasis may not be enough for Americans", Phi Delta Kappan, v. 98, n. 1, 2016, NCSS (National Council for the Social Studies), C3 Framework for social studies state standards, NCSS, 2013.
3） シカゴの市民性教育について、久保園梓『米国の市民性教育』東信堂、2023年、など参照。
4） Chicago Public Schools, Chicago Public School Student Rights & Responsibilities Booklet (including the SCC), 2021.
5） 大津尚志『校則を考える』晃洋書房、2021年、103-122頁、参照。
6） Chicago Public School Student Rights & Responsibilities Booklet (including the

SCC), 2022.
7） Noble Schools, Student and Parent Handbook 2021-2022, 2021.
8） Latino Youth High School, Parent and Student Handbook, 2017.
9） William Howard Taft High School, Student/Family Handbook.
10） 防犯カメラに顔が映らなくなるという「安全」上の問題と考えられる。
11） Acero Schools, Student Handbook 2020-2021, 2020.
12） Chicago Public Schools, Ready to engage, 2016.
13） 久保園梓「アメリカ市民性教育における『子どもの声』を重視した学校改革カリキュラムの構造」『明日へ翔ぶ　5』風間書房、2020年、243-257頁。
14） Chicago Public School, Stucent Voice Committees, 2022, 古田雄一『現代アメリカ貧困地域の市民性教育改革』東信堂、2021年、242-243頁。
15） Lycée Buffon, Règlement intérieur, 2021.
16） Ibid.
17） Ibid.
18） 大津尚志「フランスにおける校則改正」『全民研　会報』191号、2024年、13-15頁。
19） Collège Le Fenouillet, Tenue vestimentaire, https://www.clg-du-fenouillet.ac-nice.fr/tenue-vestimentaire/ （2024年7月13日最終確認）。
20） https://actu.fr/normandie/duclair_76222/crop-top-interdit-au-college-de-duclair-des-parents-et-des-camarades-indignes_42549719.html （2024年5月29日最終確認）。
21） Polémique sur le "crop top" à l'école: d'où vient cette tenue qu'adorent les adolescentes ? https://www.midilibre.fr/2021/07/02/polemique-sur-le-crop-top-a-lecole-dou-vient-cette-tenue-quadorent-les-adolescentes-9646719.php （2024年5月29日最終確認）。
22） Claquettes-chaussettes, crop-top ... les collèges et lycées peuvent-ils interdire des vêtements ? https://actu.fr/societe/claquettes-chaussettes-crop-top-les-colleges-et-lycees-peuvent-ils-interdire-des-vetements_53653770.html （2024年5月29日最終確認）。
23） *Histoire Géographie Enseignement Moral et Civique 6e,* Nathan, 2016.
24） 大津尚志『校則を考える』晃洋書房、2021年、97-100頁。
25） https://www.youscribe.com/BookReader/Index/2964369/?documentId=3289313 （2023年4月26日最終確認）をもとに大津が作成した。
26） 文部科学省「令和二年度　児童生徒の問題行動・不登校等生徒指導上の諸問題に関する調査結果について」2021年。
27） 児山正史「校則見直しに対する文部省・教育委員会の影響(1)」『人文社会論叢 社会科学篇』v. 6, n. 6, 2001年、57-77頁。
28） 日本若者協議会は、2024年1月に「『学校内民主主義』の制度化に向けた提言」を文部科学省に提出している。学校教育法施行規則の改正を含めた提言を行っている。https://youthconference.jp/archives/7537/ （2024年5月29日最終確認）。

| コラム | ドイツの校則とその内容の特徴 |

はじめに

ドイツは州ごとに文部省があり、週ごとによって教育法が異なる。ここでは、ノルトライン・ヴェストファーレン州をとりあげく、校則（Schulordnung）にかかわる法制度と校則自体について述べる。[1)]

1．ドイツ（ノルトライン・ヴェストファーレン州）の校則をめぐる法制度

ノルトライン・ヴェストファーレン州の教育関係法律は「学校法」によって主に定められている。学校会議（Schulkonferenz）は、「学校の教育活動に携わるすべての者が協力する、学校の最高機関」（65条1項）であり、さまざまな権限を持つ。構成員の数は学校の生徒数による（200名まで6名、500名まで12名、501名以上18人）。構成員は校長のほかは選挙によって選出されるが、構成員の教師：保護者：生徒の比率は、初等教育段階の学校（第1〜4学年）で1：1：0、中等教育段階Ⅰの学校（第5〜9学年）で1：1：1、中等教育段階Ⅱの学校（第10学年〜）で3：1：2と定められている。初等教育段階と中等教育段階Ⅰ、中等教育段階ⅠとⅡが合同されている学校はいずれも1：1：1となる（66条3項）。議長は校長が務める（66条6項）。[2)]

教師代表は教員会議により（68条4項）、生徒代表は生徒会（74条3項）により、保護者代表は学校保護者会によって選出される（72条1項）。

学校会議が決定することができる権限があることは学校法65条2項に列挙されている。そこでは、学校教育計画、休日、課外活動、学校行事、予算などとともに「校則の制定」が挙げられている。

同法は校則に含むべき内容について列挙はしていない。しかし、ドイツの中等学校の校則を見るとある程度の共通性を見ることはできる。典型例としてあげられるものを以下にあげる。

校則の制定権は学校会議にあるが、それ以外にも生徒の意見を反映させることが行われている。ギムナジウム・ヴァルトシュトラッセでは、学校会議にかける前に、新しい校則の原案は、全クラス、全学年、共同決定委員会で議論して、必

要な修正を行っている。生徒代表が毎週会合を行い、例えば「休み時間の携帯電話の使用」について話し合っている学校もある。学校会議で評決をとるときは生徒代表も含めて全員同じ１票としてカウントされる。[3]

２．ギムナジウム校則の一例

　ノルトライン・ヴェストファーレン州の校則の一例としてあげると、ステティシェス・ギムナジウム・ヘルテンの校則の構成は以下の８パートに分かれている。
　「１．授業前の行動」では、７時35分から門はあいている、７時50分から教室にはいれる、といった規定である。
　「２．授業中の行動」では、「よき学習環境と快適で尊重しあう雰囲気は、教室の全員にとって重要である」「学習内容を十分に間に合って予習、復習すること」「授業が時間通りはじめられるように準備すること」「授業の集中の妨げとなることをしないこと、合意された規則は守ること」「（ミネラル）ウォーターは教室では許可される。教科用教室では許可されない。」などとある。
　「３．休憩時間中の行動」では、「休憩時間には食べ物、飲み物を購入することができる」「中等教育段階Ⅰの生徒は学校内から出てはならない」「校庭、中庭、運動場はすべての生徒が使用してよい」「カフェ・クンターブントでは注文した食事、自宅から持参した食事を食べることができる。学校に食事を注文することは許可されていない。」など、休憩時の過ごし方の決まりである。
　「４．他人や個人の所有物の扱いについて」は、「学校内で他人の、個人の所有物を責任をもって合理的に取り扱うことは、大変重要なことである。それゆえ、私たちは貴重品、現金、定期券を……教室や更衣室に放置しない。」「私たちは自転車を備え付けられた自転車ラックに鍵をかけてつなぎます。」などとある。
　「５．学校施設・設備の利用について」では、「私たちの学校は私たち全員の生活空間です」として、「私たちは共用の施設、学校の備品、支給された教材、とりわけコンピューター（ノートパソコン）を慎重、丁寧に扱います」「トイレの清潔に留意し、石鹸、タオル、トイレットペーパーが不足している場合は管理人に連絡します」「パソコン部屋での飲食は絶対に禁止です。授業に直接関係のないコンテンツ（ゲームやチャットなど）は原則として教師の許可があったときのみ使用できます」などである。
　「６．携帯電話・スマートフォン、音や映像を記録・再生する機器の使用」では、「各生徒が学校の前後に連絡を取り合えるために、携帯電話・スマートフォンの学

校への持ち込みを許可しています」「授業時間や休憩時間にはカバンの中の携帯電話の電源はきっておくこと。例外となる場合（授業に関係することなど）には、教師か学校管理者の明示的な許可が必要です」「同級生や教師の写真、映像、音声を明示的な許可なく撮影することを禁止します」などである。

「7．授業の欠席・見学について」では、「生徒が病気で授業に出席できない場合、保護者は授業開始前に電話で事務室にその旨を届け出ること」「緊急の医師の診察、家族行事やスポーツ行事への参加、宗教行事への参加（例えば、カトリック・プロテスタントの堅信の儀式、イスラームの犠牲祭）、政府機関への訪問が必要な場合など、予見可能な欠席理由の場合は、保護者は事前に書面で欠席を申請する。」などである。

「8．クラス旅行、修学旅行中の行動」では、「クラス旅行、修学旅行中の規則は校則の附則にて定めます」とある。

3．ドイツの校則の特徴

ドイツの校則は「法律と行政規則の枠内で定める」と学校法65条2項にあり、学校内に関して学校の事情に応じて定められる「ローカル・ルール」にほぼ限定されているといえる。他にも各授業の開始時間と休み時間、自習室や駐車（輪）場の規定や、図書館の規定、学校内での環境への対応の規定（ゴミ分別、電気を消す、暖房は控えめになど）、アルコール・薬物・危険物の持込禁止などが書かれていることはある。項目数や分量は多くない。あくまで法律や行政規則より下位に位置づけられる規則である。

例えば、規則違反に対する教育的な懲戒、懲戒処分に関しては、学校法第53条に規定（戒告、停学、退学など、およびそのための手続きの）があるゆえに、校則で規定があることはむしろ少ない。ヘルヴェク・ギムナジウムの校則では「校則違反があった場合は、学校法に基づいた適切な措置をとることになります」とのみ定めている。

服装に関する規定は、学校法42条8項は「学校会議はすべての生徒代表の同意を条件に制服を推奨することができる」と定めている。しかし、校則では服装にまったくといっていいほど言及がない場合が多い。制服以外の服装規定としての例をあげると、ベルト・ブレヒト・ギムナジウムでは「適切な服装」として、「教室内は十分暖かいです。教室内では天候にかかわる衣類（防止、サングラス、ジャケット）は脱ぎます」「書かれていることは表現です。我々の衣服やカバンには差

別や戦争を美化する文言や題材はありません。私たちは私たちの学校を偏見のない、多様な、尊敬しあう雰囲気のある生活・学習空間をみなしています」「プライベートはプライベート。体の性的な部分はプライベートなので学校では見せません」「学校に長くいる日も気分よく。ジョギング用パンツ、トレーニングウェア、レギンスなどのスポーツウェアは問題ありません」と定めている。ハルデン実科学校では、「学校で活動しているすべての人が適切な服装をしていることを期待しております。例えば、スポーツ・ジョギング用パンツ、スポーツウェア、極端に短いズボン・スカート・ドレス、襟ぐりの深い服、人種差別主義的、性差別主義的、政治的に極端なメッセージを含む服装は禁止です。帽子は建物にはいったあとには脱いでカバンにいれるかクロークにつるす。ただし、宗教上の理由である場合は除く。体育時の服装に関しては、体育教師から別途知らされる」とある。学習の場に適切でないと考えらえるもの、差別的な表現を含むものは禁止規定がおかれることもある。

むすびにかえて

ドイツの校則については、学校独自のルールに限って制定されるといえる。例えば生徒の懲戒処分に関する規定は学校法53条に規定があり、校則には規定がないかあっても簡素な言及だけである。あくまで法令の枠内で定められるものなので、憲法や憲法的価値、法律と矛盾するような校則はないといってよい。また、制定に関しても生徒・父母代表の参加などある程度民主的な過程が保障されているといえる。

日本と比較すると、日本の校則が法令に反する内容を含むことは指摘されることがある。例えば、16歳以上でのバイク免許取得、18歳以上での自動車免許取得を校則で禁止することが行われる。高校生のアルバイト禁止の規定が存在する場合があるが、深夜業などの例外をのぞいて18歳未満に禁止されていることではない。ドイツの校則は最小限の「ローカルルール」にとどめられているといえる。

注
1）ドイツの校則に触れている邦語文献は少ない。和辻龍『こんなに違う⁉ドイツと日本の学校』産業能率大学出版部、2020年、71-73頁は、筆者のニーダーザクセン州でのギムナジウム経験をもとに、ドイツは「校則がない」「強いて挙げるなら学校内の飲酒禁止」と述べている。ニーダーザクセン州の学校法に校則（Schulord-

nung）の規定はある。サンドラ・ヘフェリン『体育会系』光文社新書、2020年、37-40頁に校則に言及があるが、日独ハーフである筆者のギムナジウム経験では「もしかしたらドイツの学校にも、規則が書かれた紙というか文書は校長室などに保管されているのかもしれません。しかし、生徒手帳なるものがないため、私が知る限り生徒がそれを確認したことはありませんでした。……なんせ生徒手帳なるものがないため、私が知る限り生徒がそれを確認したことはありませんでした。」と述べている。加えて、ドイツ人に日本の校則は理解不可能であることを、述べている。筆者の出身地であるバイエルン州の州法（バイエルン教育法）にも校則に関する規定はある。いずれも、校則はあっても簡素な規定にすぎず、日本のように「校則」が日常的に意識されていないことの反映であろう。

2）　ドイツの生徒参加制度について詳しくは、結城忠「生徒の学校参加の法的構造」『青少年の政治的基本権と政治参加』信山社、2023年、460-505頁。

3）　柳澤良明「学校全体で取り組む民主主義教育」荒井文昭ほか編『世界に学ぶ　主権者教育の最前線』学事出版、2023年、104-133頁。

あ と が き

　本書は校則について、多くは既に発表したものをベースに構成しているが、初出となるものは以下のとおりである。いずれも加筆修正を施しており、本書のために書き下ろしたところもある。

- 大津尚志「校則と主権者教育　歴史的考察を中心に」『民主主義教育21』第17号、2023年、54-59頁。
- 大津尚志「大阪府内公立中学校の『校則』に関する一考察」『学校教育センター紀要』（武庫川女子大学）(8)、2023年、29-42頁。
- 大津尚志「『校則の見直し』の動向」伊藤良高監修、森本誠司・竹下徹・永野典詞編『教育と福祉の展望』晃洋書房、2024年5月、9-18頁。
- 大津尚志「高校『校則』の『見直し』と地域性に関する一考察」『武庫川女子大学紀要』(70)、2023年、65-73頁。
- 大津尚志「校則裁判（大阪府立高校黒染事件地裁判決、令和3年2月16日）に関する一考察」『学校教育センター紀要』（武庫川女子大学）(7)、2022年、48-58頁。
- 大津尚志「私立高校における男女交際規制をめぐる校則判例」『武庫川女子大学　学校教育センター紀要』(9)、2024年、55-65頁。
- 大津尚志「イギリス（イングランド）の校則に関する一考察」『教育学研究論集』(19)、2024年、9-16頁。
- 大津尚志「自由と相互尊重のルール」内田良・山本宏樹編『だれが校則を決めるのか』岩波書店、2022年、154-179頁。
- 大津尚志「校則は三者（教師・保護者・生徒）で決める　〜ドイツの中等学校」『全民研　会報』188号、2023年、13-15頁。

　校則に関しては、大学院生の頃から関心をもっていた。私が校則に関する原稿をはじめて書いたのは、2001年のことであった。そのころはまだ東京理科大学ほかの専業非常勤講師であったが、「教育法規」の授業時間内に「校則」の話も1時間をとっておこなっていた。そのころから「校則の曖昧性」（中学生らしい、など）や「校則には改廃規定が明記されていない」「校則の時代適合性」

などを問題としていた。この頃問題になっていた「時代適合性」とは例えば、携帯電話が普及してきたなかに校則は対応しなくてよいのか、とかいうことであった。しかし、この3点のような問題点は20年以上たった今日でもいまだ解決しないままに続いているとはいえるのではないか。そのころは二部（夜間部）の担当もさせていただいていたが、昼は理科実験助手をして夜は授業にでているという学生さんもいる前に、身が引き締まる思いをしていたことを覚えている。

　その後、しばらくの間校則に関する原稿は書いていなかった。再び校則に関することに私が関心を持ち始めた一つの理由は、2017年に提起された「大阪府公立高校黒染訴訟」である。当初、「生まれつき茶髪の生徒が黒染を強要された」と報道されていた（例えば、朝日新聞、2017年11月10日）。裁判でも原告生徒は「地毛は茶色」と主張していたが、裁判では「生徒の地毛は黒」（より正確には「原告の頭髪の生来の色は黒色であると認識していた」）という教育委員会側の主張がとおり、その部分では生徒側の敗訴となった。この裁判を担当していた弁護士である林慶行氏の論稿がある（林慶行「校則と生徒指導の本質について」『日本教育法学会年報』第49号、2020年）。同論文によると、当該生徒が不登校になってから（2年生のとき）保護者の相談をうけた弁護士が学校と交渉していた。学校との交渉は7か月に及んだが、交渉段階における学校側の（生徒のではない）説明としては「生徒の地毛の色」は「茶色であると理解している」であった。学校側が「裁判に負けない限り方針は変えない」という意向を示したために、訴訟が提起された。訴訟段階になると「地毛は黒色なのに茶色に脱色等した」ことをはじめ、数々の論点において「全く違う」主張をはじめた。生徒の名簿と席を抹消したことに関しては当初は「黒染めに応じないから」と説明していたのが、「不登校を目立たなくして登校回復を円滑にするための措置」と主張をかえた（この主張は裁判でも認められず、一定の賠償は認められた）。およそ交渉は7か月という長期間に及んだことであるのに、きわめて大事な論点に行き違いがあったとは考えにくい。「法令や訴訟に精通しているわけでもない……動揺して、事実に反する説明をしていたにすぎない」と学校側は弁解しているそうである（前掲論文）。筆者が考えるに「生まれつき茶髪の生徒に黒染を強要」したのであれば訴訟に負けることは明らかであるから、裁判になってからそのように新たなストーリーをつくって主張を覆してきた、とみるのがもっとも自然な見方ではないか。判決では「本件高校の教員らは、……原告の生来の色は黒色であ

ると認識していたことが認められる。」と事実認定されている（傍点筆者）。「原告の生来の色は黒色」と断定してはいない。

　当該の元生徒はそれまで特に何の問題もなく「普通の高校生」として過ごしていたわけであろうが、「髪色が多くの日本人と少し異なって見えていた」というだけの理由で、2年次秋に不登校となり、文化祭や修学旅行にも参加できなかった。課題の提出などによって無事に進級や卒業はできたものの二度とない高校時代を台無しにされたようなものではないか。親と弁護士しか信用できないという「極度の人間不信になってしまった」という。

　この訴訟の提起を一つの発端として、「校則の見直し」の動きが2020年代からは広まっている。2022年12月に公開された「生徒指導提要」にも掲載されている。いずれにせよ、このような思いをする生徒が、もう二度とでないように懇願するとともに、これからも原稿を書くなりする所存である。無意味な校則をなくことは、ほとんど予算措置をとらずに可能となることである。科学技術振興機構のresearchmapに研究テーマ「校則」を登録しているのは、2024年6月現在のところ私を含めて2名だけである。「校則」という小さなことの研究ではあるが、学校づくり、学校教育の在り方や果ては社会の在り方についてともつながる意義のあるものと考えてはいる。

　本書は、科研「生徒参加による校則（ルール）づくりを中心とした主権者教育の日米仏独比較研究」（2023年度〜2025年度、研究代表者大津尚志）の研究成果の一部である。共同研究者となってくださった、荒井文昭東京都立大学教授、古田雄一筑波大学助教、柳澤良明香川大学教授、宮下与兵衛東京都立大学客員教授にも感謝申し上げたい。本書でもイギリス、アメリカ、フランス、ドイツの校則を取り上げることができた。英仏独語の資料をつかって原稿を書くことができた。日本の校則が英米仏独と比して「権利の保障」への言及が極端に少ないこと、法令との一貫性がほぼないこと（そもそも日本の校則は、明治時代の「生徒心得」からはじまっていて今日に至るまで法的に位置づけのないものであるが）は明らかである。日本の校則が「厳しい、緩い」のみの基準からのみ論じられることが多いのが問題であると筆者は考えている。それは、校則が「生徒統制」の手段として使われていることを意味する。これからも国内比較・国際比較の観点から校則を研究していきたい。日本の教育は「人格の完成を目指」すことを法律上目的としているが（教育基本法第1条）、それゆえ生活指導にわたる内容が多く含まれているという特色が他国と比較してもわかる。その点では、イギリス

のみが日本に比較的近いというところがある。教育基本法の「人格の完成を目指し」は裁判上はほとんど言及されることのない条文であるが、その数少ない例が熊本丸刈り訴訟地裁判決（関係訴訟の嚆矢となるもので、生徒側の全面敗訴となった。「教育は人格の完成をめざす（教育基本法第一条）ものであるから、……校則の中には、教科の学習に関するものだけでなく、生徒の服装等いわば生徒のしつけに関するものも含まれる。」と説示。）、というのが皮肉である。

　ここでは、二人のすでに鬼籍に入られている先生の名前を挙げさせていただきたい。故・牧柾名元東京大学教授には、私が法学部の3年生の学生のときに教育学部の他学部聴講で出席していた「教育行政学概論Ⅱ」の授業を通して教育法学の基本のようなことから教えていただいた。東京大学での最後の授業の年度であったことを途中までは知らずに授業をうけて、何度も授業の終わりに質問に伺わせていただいた。教育法学への関心を喚起していただいたことに、御礼申し上げたい。故・世取山洋介元新潟大学教授は研究室の先輩であるが、修士論文を書いていたころから指導をいただいていた。世取山先生を師と仰ぎ影響をうけた人は多い。私もその一人である。還暦にもならないうちに早世されたことが残念でならない。2021年6月の日本教育法学会の大会で校則裁判に関する自由研究発表をした私に対して質問をいただいたのが、オンライン上ではあったがお話をさせていただいた最後になってしまった。この場を借りて御礼すると同時に、ご冥福をお祈りする次第である。

　本書の出版にあたっては、晃洋書房の丸井清泰氏、坂野美鈴氏にお世話になった。いつもながら丁寧に原稿の点検をいただいたことに御礼申し上げたい。

　最後に私事になるが、研究の道に進ませてくれた父・故大津一郎、母・大津昭子に感謝を申し上げたい。

　　2024年6月30日

　　　　　　　　　　　　　　　　　　　　　　　　　　大津尚志

参 考 文 献

〈邦文献〉

荒井文昭ほか編『世界に学ぶ主権者教育の最前線』学事出版、2023年。
池田賢市『学びの本質を解きほぐす』新泉社、2021年。
――――『学校で育むアナキズム』新泉社、2023年。
市川須美子『学校教育裁判と教育法』三省堂、2007年。
井上晃『セーラー服の社会史』青弓社、2020年。
岩木勇作『近代日本学校教育の師弟関係の変容と再構築』東信堂、2020年。
内田良『教育現場を「臨床」する』慶應義塾大学出版会、2023年。
内田良・山本宏樹編『だれが校則を決めるのか』岩波書店、2022年。
内野正幸『教育の権利と自由』有斐閣、1994年。
上杉賢士『「ルールの教育」を問い直す』金子書房、2011年。
大津尚志「フランスの中等教育機関における校則」『フランス教育学会紀要』第13号、2001年、49-60頁。
――――「アメリカ合衆国における生徒規則」『季刊教育法』第135号、2002年、84-89頁。
――――「イギリス・フランス・ドイツの校則」『東京大学大学院教育学研究科教育行政学研究室紀要』第21号、2002年、83-91頁。
――――「校則の仏米比較」『高校生活指導』第166号、2005年、116-123頁。
――――「フランスにおける『共和国の価値・象徴』に関する教育」『教育制度学研究』第14号、2007年、85-88頁。
――――「小学校およびコレージュにおける公民教育」、武藤孝典・新井浅浩編『ヨーロッパにおける市民的社会性教育の発展』東信堂、2007年、49-63頁。
――――「フランスの中学（コレージュ）における憲法教育」『中央学院大学人間・自然論叢』第26号、2008年、195-205頁。
――――「校則、制服と生徒指導」『月刊高校教育』第41巻第2号、2008年、66-71頁
――――「フランスにおける生徒・父母参加の制度と実態」『教育学研究論集』第7号、2012年、21-26頁。
――――「ヨーロッパにおける高校生団体と主権者教育」『高校生活指導』、201号、2016年、61-64頁。
――――「フランスにおける学校参加制度」『人間と教育』第89号、2016年、104-111頁。
――――「フランスの高校と18歳選挙権」『民主教育21』第10号、2016年、99-105頁。
――――「フランスのアクティブ・シティズンシップ教育」、白石陽一・望月一枝編『18歳を市民にする高校教育実践』大学図書出版、2019年、190-218頁。

―――――「高校の『校則』に関する一考察」『教育学研究論集』第15号、2020年、36-44頁。
―――――「フランスにおける生徒の権利と学校・社会・政治参加」、勝野正章ほか編『校則、授業を変える生徒たち』同時代社、2021年、189-212頁。
―――――「フランス」、柳沼良太ほか編『諸外国の道徳教育の動向と展望』学文社、2021年、103-112頁。
―――――『校則を考える』晃洋書房、2021年。
―――――『フランスの道徳・市民教育』晃洋書房、2023年。
―――――「校則改正と子どもの人権」『月刊生徒指導』第54巻第5号、2024年5月、54-55頁。
―――――『フランスにおける高校生の市民的活動に関する一考察』『シティズンシップ教育研究』2024年、近刊。
荻上チキ『いじめを生む教室』PHP研究所（PHP新書）、2018年。
荻上チキ・内田良編『ブラック校則』東洋館出版社、2018年。
小熊英二『1968（下）』新曜社、2009年。
越智康詞「校則」教育思想史学会編『教育思想事典（増補改訂版）』勁草書房、2017年、296-299頁。
小野田正利『教育参加と民主制』風間書房、1996年。
片山紀子・藤平敦・宮古紀宏『日米比較を通して考えるこれからの生徒指導』学事出版、2021年。
加藤宣彦『中学校にとって「生徒心得」とは何か』明治図書、1984年。
勝元一成・藤田昌士「『校則・心得』を見直す」、竹内恒一・中野光・国民教育研究所編『新しい生活指導の実践』一ツ橋書房、1988年、227-247頁。
神谷拓『運動部活動の教育学入門』大修館書店、2015年。
河﨑仁志・斉藤ひでみ・内田良編『校則改革』東洋館出版社、2021年。
川中大輔「シティズンシップ教育と道徳教育」、荒木寿友ほか編『道徳教育』ミネルヴァ書房、2019年、174-194頁。
川原茂雄『ブラック生徒指導』海象社、2020年。
喜多明人『子どもの権利』エイデル研究所、2015年。
喜多明人ほか編『子どもの参加の権利』三省堂、1996年。
木村草太『木村草太の憲法の新手②』沖縄タイムス社、2019年。
姜華『高等女学校における良妻賢母教育の成立と展開』東信堂、2022年。
工藤純子『ルール！』講談社、2023年。
工藤勇一『学校の「当たり前」をやめた。』時事通信社、2018年。
工藤勇一・鴻上尚史『学校ってなんだ！』講談社（講談社現代新書）、2021年。
工藤勇一・苫野一徳『子どもたちに民主主義を教えよう』あさま社、2022年。
小池由美子『学校評価と四者評議会』同時代社、2011年。
小林哲夫『高校紛争1969-1970』中央公論新社（中公新書）、2012年。
―――――『学校制服とは何か』朝日新聞出版（朝日新書）、2020年。

西郷孝彦『校則なくした中学校　たったひとつの校長ルール』小学館、2019年。
斎藤一久編『高校生のための憲法入門』三省堂、2017年。
斉藤利彦『競争と管理の学校史』東京大学出版会、1995年。
斉藤利彦編『学校文化の史的研究』東京大学出版会、2015年。
坂本秀夫『生徒心得』エイデル研究所、1984年。
─── 『「校則」の研究』三一書房、1986年。
─── 『生徒規則マニュアル』ぎょうせい、1987年。
─── 『校則の話』三一書房、1990年。
─── 『こんな校則　あんな拘束』朝日新聞社、1992年。
─── 『校則裁判』三一書房、1993年。
佐藤直樹「日本社会に蔓延する『同調圧力』」『教職研修』2021年11月号、36-37頁。
佐藤秀夫編『日本の教育課題2　服装・頭髪と学校』東京法令出版、1996年。
佐藤秀夫『教育の文化史2』阿吽社、2005年。
宍戸常寿編『18歳から考える人権（第2版）』法律文化社、2020年。
嶋崎政男『図説・例解生徒指導史』学事出版、2019年。
宿谷晃弘編『学校と人権』2011年。
神内聡『学校内弁護士』KADOKAWA（角川新書）、2020年。
鈴木雅博『学校組織の解剖学』勁草書房、2022年。
末冨芳編『子ども若者の権利とこども基本法』明石書店、2023年。
鈴木譲「高校生・高校教師の校則意識」（友枝敏雄・鈴木譲編『現代高校生の規範意識』九州大学出版会、2003年、149-177頁。
高野桂一『学校経営の科学化を志向する学校内部規程の研究』明治図書、1976年。
─── 『生徒規範の研究』ぎょうせい、1987年。
─── 「生徒規範に関する教育法社会学的研究(1)」『九州大学教育学部紀要（教育学部門)』第31集、1985年、51-113頁。
─── 「生徒規範に関する教育法社会学的研究(2)」『九州大学教育学部紀要（教育学部門)』第32集、1986年、57-110頁。
高野美恵子『アトピーと制服』那珂書房、2000年。
高旗正人「逸脱と生徒指導」『教育社会学研究』第70号、2002年、75-88頁。
伊達聖伸『ライシテから読む現代フランス』岩波書店、2018年。
寺川直樹「校則（ルール）って？」、名嶋義直編『10代からの批判的思考』明石書店、2020年。
辻本雅史『「学び」の復権』角川書店、1999年。
栃木県弁護士会『校則と子どもの権利』随想社、1996年。
苫野一徳『ほんとうの道徳』トランスビュー、2019年。
苫野一徳監修、古田雄一・認定NPO法人カタリバ編『校則が変わる、生徒が変わる、学校が変わる』学事出版、2022年。

ドーア、ロナルド・石川恵美子「校則って何だろう」『日本との対話』岩波書店、1994年、25-49頁。
中尾豊喜『規則と生徒指導』関西学院大学出版会、2020年。
難波知子『学校制服の文化史』創元社、2012年。
西原博史・斎藤一久編『教職課程のための憲法入門（第3版）』弘文堂、2024年。
西村祐二『シン・学校改革』光文社、2023年。
二宮皓編『こんなに厳しい世界の校則』メディアファクトリー、2011年。
日本弁護士連合会子どもの権利委員会『子どもの権利　ガイドブック（第2版）』明石書店、2017年。
野口善國『どうなる丸刈・校則』兵庫部落問題研究所、1991年。
林慶行「校則と生徒指導の本質について」『日本教育法学会年報』第49号、2020年、50-58頁。
平野孝典「規範に同調する高校生」、友枝敏雄編『リスク社会を生きる若者たち』大阪大学出版会、2015年、13-32頁。
広田照幸「校則の論理と校則問題の現在」『教育言説の歴史社会学』名古屋大学出版会、2001年、174-188頁。
藤田昌士編『日本の教育課題4　生活の指導と懲戒・体罰』東京法令出版、1996年。
室橋祐貴『子ども若者抑圧社会・日本』光文社、2024年。
森山昭雄編『丸刈り校則　たった一人の反乱』風媒社、1989年。
宮脇明美『丸刈り校則をぶっとばせ』花伝社、2003年。
宮下与兵衛『高校生の参加と共同による主権者教育』かもがわ出版、2016年。
―――『若者とともに』かもがわ出版、2024年。
栁澤靖明・福嶋尚子『隠れ教育費』太郎次郎エディタス、2019年。
山崎聡一郎『こども六法の使い方』弘文堂、2021年。
結城忠『高校生の法的地位と政治活動』エイデル研究所、2017年。
米沢広一『憲法と教育15講（第四版）』北樹出版、2016年。
和田篤史「校則―制服のない学校で制服について考える」、全国民主主義教育研究会編『社会とつながる探究学習』明石書店、2023年、72-77頁。

〈欧文献〉

Gérard Mamou, *Le Règlement intérieur*, CNDP de Bourgogne, 1993.
Olivier Castel et Aline Sanchez, *Le Règlement intérieur en college & lycée*, CANOPÉ, 2017.

〈その他〉

明治初期に出版された、各種『生徒心得』。
各都道府県の教育史。
各学校の沿革史。

各種雑誌の校則特集号（『月刊生徒指導』(1973年12月号、1984年1月号、1988年8月号、2018年11月号、2021年9月号、2022年6月号）『ジュリスト』912号・1988年、『高校教育展望』1988年7月号、『校則・生徒心得読本』（教職研修増刊『教職研修総合特集』第57号、1989年）、『季刊教育法』(79号・1990年、77号・1989年、177号・2013年、204号・2020年)、『教職研修』2018年2月号、『総合教育技術』2018年6月号、『クレスコ』2021年5月号など）。

《著者略歴》

大津 尚志（おおつ たかし）

1999年、東京大学大学院教育学研究科博士課程単位取得退学。
中央学院大学商学部専任講師などを経て、現在、武庫川女子大学学校教育センター准教授。

主要業績

『新版 教育課程論のフロンティア』（共編著）晃洋書房、2018年。
『現代フランスの教育改革』（共著）明石書店、2018年。
『世界の学校と教職員の働き方』（共著）学事出版、2018年。
『18歳を市民にする高校教育実践』（共著）大学図書出版、2019年。
『新版 教育と法のフロンティア』（共編著）晃洋書房、2020年。
『校則を考える』晃洋書房、2021年。
『校則、授業を変える生徒たち』（共著）同時代社、2021年。
『校則改革』（共著）東洋館出版社、2021年。
『だれが校則を決めるのか』（共著）岩波書店、2022年。
『フランスの道徳・市民教育』晃洋書房、2023年。
『世界に学ぶ主権者教育の最前線』（共編著）学事出版、2023年。
他、多数。

校則と主権者教育
――続・校則を考える――

2024年9月10日 初版第1刷発行　　＊定価はカバーに表示してあります

著 者　　大 津 尚 志 ©
発行者　　萩 原 淳 平
印刷者　　江 戸 孝 典

発行所　株式会社　晃 洋 書 房
〒615-0026　京都市右京区西院北矢掛町7番地
電話　075（312）0788番(代)
振替口座　01040-6-32280

装丁　㈱クオリアデザイン事務所　　印刷・製本　共同印刷工業㈱
ISBN978-4-7710-3871-4

JCOPY 〈(社)出版者著作権管理機構 委託出版物〉
本書の無断複写は著作権法上での例外を除き禁じられています．
複写される場合は，そのつど事前に，(社)出版者著作権管理機構
（電話 03-5244-5088, FAX 03-5244-5089, e-mail: info@jcopy.or.jp）
の許諾を得てください．

大津 尚志 著
校則を考える
——歴史・現状・国際比較——
Ａ５判 142頁
定価1,760円（税込）

大津 尚志 著
フランスの道徳・市民教育
Ａ５判 128頁
定価1,980円（税込）

伊藤良高・大津尚志・香﨑智郁代・橋本一雄 編
改訂版 保育者・教師のフロンティア
Ａ５判 136頁
定価1,760円（税込）

伊藤良高 監／森本誠司・竹下 徹・永野典詞 編
教育と福祉の展望
Ａ５判 212頁
定価2,860円（税込）

石野 英司 監／堀 清和・宮﨑 充弘 編
加害者にさせないために
——社会的孤立の予防と罪に問われた人の更生支援——
Ａ５判 218頁
定価2,750円（税込）

堀本 麻由子 著
アメリカの成人教育
——求められた「成人教育者像」とは何か——
Ａ５判 252頁
定価4,180円（税込）

中谷 彪 著
学ぶ権利と学習する権利
——人格主義の国民教育権論——
四六判 186頁
定価2,640円（税込）

酒井 健太朗 著
教育の思想と原理
——古典といっしょに現代の問題を考える——
Ａ５判 238頁
定価2,970円（税込）

前田 麦穂 著
戦後日本の教員採用
——試験はなぜ始まり普及したのか——
Ａ５判 190頁
定価4,180円（税込）

佐山 圭司 著
いじめを哲学する
——教育現場への提言——
Ａ５判 246頁
定価2,970円（税込）

晃 洋 書 房